Charles Darwin

Charles Darwin
Una vida en busca de la vida

Luis Enrique Caro Henao

Caro Henao, Luis Enrique
  Charles Darwin / Luis Enrique Caro Henao. — Bogotá:
Panamericana Editorial, 2004.
  124 p. ; 21 cm. — (Personajes)
  ISBN 958-30-1401-X
  1. Darwin, Charles Robert, 1809 – 1882 I. Tít. II. Serie.
  925 cd 20 ed.
  AHU8053

  CEP-Banco de la República-Biblioteca Luis Ángel Arango

Editor
Panamericana Editorial Ltda.

Dirección editorial
Conrado Zuluaga

Edición
Pedro José Román

Diseño, diagramación e investigación gráfica
Editorial El Malpensante

Cubierta: el científico inglés Charles Darwin, fundador de la teoría de la evolución, en una pintura original de Elliot & Fry.
© Hulton Archive • Getty Images.

Primera edición, octubre de 2004
© Panamericana Editorial Ltda.
  Texto: Luis Enrique Caro Henao
  Calle 12 N° 34-20, Tels.: 3603077–2770100
  Fax: (57 1) 2373805

Correo electrónico: panaedit@panamericanaeditorial.com
www.panamericanaeditorial.com
Bogotá D. C., Colombia

ISBN 958-30-1401-X

Todos los derechos reservados.
Prohibida su reproducción total o parcial
por cualquier medio sin permiso del Editor.

Impreso por Panamericana Formas e Impresos S. A.
Calle 65 N° 95-28, Tels.: 4302110–4300355, Fax: (57 1) 2763008
Quien sólo actúa como impresor.
Impreso en Colombia
Printed in Colombia

"La ignorancia genera confianza más frecuentemente que el conocimiento, son aquellos que saben poco, y no esos que saben más, quienes tan positivamente afirman que éste o aquel problema nunca será resuelto por la ciencia".

Charles Darwin

INTRODUCCIÓN

El naturalista inglés Charles Darwin es reconocido como uno de los científicos y pensadores más influyentes del siglo XIX porque su teoría de la evolución, publicada en 1859, contribuyó a cambiar las ciencias biológicas, y como resultado de sus implicaciones filosóficas, la cultura de Occidente. Su obra rebasó el ámbito mismo de la biología, habiendo modificado el pensamiento de la sociedad en relación con la naturaleza y el hombre. La difusión de sus ideas, que alcanzó a Europa y América, hizo que la evolución fuera aceptada como teoría científica, tanto en los círculos intelectuales como en la población general. Él fue uno de los científicos que con sus logros contribuyeron a que el estudio de los seres vivos alcanzara el mismo estatus que el de la Astronomía, la Física y la Química, es decir, indagando las causas y los procesos que la rigen, mediante mecanismos naturales que deben ser comprobados y, por tanto, descubriendo las leyes que derivan de ellos.

Las ideas darwinianas han sido sometidas a un incesante escrutinio, y hoy —cerca de 150 años después de haber sido publicado su libro fundamental, *El origen de las especies*— siguen siendo objeto de intensas controversias en Biología y en otras disciplinas como la Filosofía, la Antropología, la Sociología y la Teología. La razón principal de esto tiene que ver con la explicación que formuló, ya que iba en contra de la tradición, porque propuso que la vida era el resultado de procesos naturales, que podían ser observados y analizados, sin tener que recurrir a fenómenos sobrenaturales. Esta teoría materialista y determinista, que no invocaba la intervención directa de Dios en la formación y transformación de los organismos vivos, hizo que algunos sectores de la sociedad de finales del siglo XIX lo consideraran un transgresor cuyo propósito era atentar contra la tradición religiosa y moral de la sociedad cristiana.

El aporte esencial de Darwin fue la postulación de un mecanismo que explicara los cambios a que están sometidos los seres vivos, el cual denominó selección natural. Éste tardó en ser aceptado por los biólogos, pero para la mitad del siglo XX se había convertido en la explicación fundamental de la Biología. La selección natural describe el proceso mediante el cual los seres vivos se transforman a lo largo del tiempo y dan origen a nuevas especies.

Darwin no fue el primer científico en escribir sobre la evolución, antes de él lo habían hecho, entre otros, Buffon, Lamarck, su abuelo Erasmus Darwin. Sin embargo, su teoría sería aceptada, al menos en parte, por la comunidad científica de su tiempo y en el siglo XX.

La actividad científica e intelectual incansable de este naturalista para probar la realidad de la evolución y cómo se producía, lo habría de colocar a la cabeza de los pensadores que transformarían la Biología en una ciencia tan respetable como la Astronomía, la Física o la Química. Sus más cercanos amigos y colegas fueron los más importantes científicos ingleses y europeos de su tiempo, y en gran medida quienes lo

Luis Enrique Caro Henao

impulsaron a no desfallecer en la construcción de su obra. Ellos utilizarían sus descubrimientos para impulsar un cambio radical en las concepciones biológicas del siglo XIX, que desembocaría en el avance espectacular que la Biología ha logrado en el último siglo y medio. En esta breve reseña de su vida, indicaré sus principales logros y cómo su trabajo científico e intelectual contribuyó a transformar la sociedad y la cultura occidentales.

Europa e Inglaterra a fines del siglo XVIII y principios del XIX

A finales del siglo XVIII y principios del XIX, Europa se hallaba a las puertas de una nueva era, producto de numerosos hechos sociales, políticos y económicos, que en Gran Bretaña culminaría con el período que hoy se conoce como la era victoriana. Europa se encontraba en medio de un torbellino de sucesos que poco a poco modificarían el mapa sociopolítico prevaleciente hasta ese tiempo. Las casas reales estaban a punto de perder su poder absoluto, y las fuerzas militares y políticas se verían envueltas en un conflicto que daría paso a la constitución de los Estados modernos. Gran Bretaña, por supuesto, no era ajena a esto, y la participación activa en los acontecimientos, aunada al hecho de haber sido la cuna de la Revolución Industrial, habría de colocarla a la cabeza de la economía mundial.

El siglo XVIII se caracterizó por el intento de ruptura, en todos los órdenes, con la tradición, y se destacó principalmente por el movimiento hoy conocido como la Ilustración, en el cual intelectuales con intereses muy variados intentaron una reflexión acerca del hombre y la naturaleza, y cuya manifestación más ostensible fue la *Enciclopedia*. En ciencias, contribuiría al surgimiento de la Química, y en las ciencias naturales, dejaría sentadas las bases de su progreso futuro, cuyo influjo no dejó de alcanzar los centros de estudios europeos. Este período también se caracterizó por avances en Filosofía, principalmente en Alemania, con Leibniz y Kant. En Gran Bretaña predominó la tradición empirista, que desde Francis Bacon (1561-1626) dominaba la práctica científica. La Ilustración desembocó en la Revolución Francesa, cuyo impacto no se puede ni siquiera tasar. Revolución eminentemente burguesa que derrocó a la realeza en Francia y dio paso a una clase política nueva (los burgueses e industriales). El fragor imparable de los sucesos desembocó en la llegada al poder de Napoleón, con la consiguiente expansión del imperio francés, que obligó a la alianza de los demás Estados europeos para detener el avance arrollador de la nación francesa.

En Gran Bretaña las repercusiones fueron graves, y el conflicto con Francia estaba en su apogeo cuando Darwin nació. La sociedad industrial británica quedó sacudida por los eventos terribles de la Revolución Francesa y su posterior militarismo, por lo cual los movimientos sociales de la isla, que buscaban mejorar las condiciones de las clases trabajadoras, fueron reprimidos con cierta dureza, y ello impidió que hubiera revueltas importantes durante el siglo XIX, aunque los enfrentamientos intelectuales y sociales dieron paso a reformas, que a final de siglo permitieron a Gran Bretaña lograr un bienestar social superior al de la mayoría de las naciones europeas. La Revolución Industrial, con su espíritu salvaje de producción y ganancia a toda costa, y caracterizada por un sentido de progreso incontenible, dio paso a la era victoriana, de la cual Darwin fue uno de sus más esclarecidos protagonistas.

Luis Enrique Caro Henao

La Inglaterra de la primera mitad del siglo XIX estuvo marcada por conflictos sociales muy intensos, ya que las condiciones económicas del país estaban provocando una gran inequidad entre las clases económicas solventes y los trabajadores. Durante la estancia de Darwin en Londres esto era especialmente agudo, con revueltas callejeras continuas y protestas de los gremios. La promulgación de las "Leyes de pobres" y la propuesta de restringir el incremento poblacional a expensas de las clases menos privilegiadas, desataban polémicas sin fin, que por supuesto ejercerían influencia en el joven Darwin cuando estaba formándose. Por eso no es posible desligar el contexto sociopolítico e intelectual inglés y el trabajo de Darwin y sus contemporáneos. Sus lecturas de Filosofía, Economía e Historia, expresaban el espíritu liberal de la época y marcaron profundamente su pensamiento; sin lugar a dudas influyeron en la elaboración de su obra. Tanto así que, según su propia confesión, la lectura de Malthus le mostró el camino para descubrir el mecanismo que habría de proponer como causa de la evolución.

CHARLES DARWIN:
UNA VIDA DEDICADA A LAS CIENCIAS NATURALES

Darwin: un apellido prestigioso

La familia Darwin pertenecía a la clase media alta, y su historia, según los recuerdos del hijo de Darwin, Francis, se remonta al siglo XVI. Su abuelo por línea paterna fue Erasmus Darwin (1731-1802), médico e intelectual muy conocido en su tiempo. Fue un escritor prolífico (poeta, crítico literario, filósofo), e incursionó en las ciencias naturales, escribiendo el libro *Zoonomía*, donde especuló acerca de la evolución de los seres vivos, aunque sin proponer una hipótesis bien estructurada. Fue fundador e impulsador de la Sociedad Lunar, donde se reunían famosos intelectuales de su época, entre quienes se encontraban James Watt (quien desarrolló la máquina de vapor) y Joseph Priestley (uno de los fundadores de la Química moderna). Por línea materna, la familia Wedgewood era famosa por su industria de cerámica, la cual fue fundada por el abuelo de Darwin, Josiah Wedgewood.

El padre de Darwin fue Robert Waring Darwin (1776-1848), médico como Erasmus, con una práctica médica muy reconocida y estimada que contribuyó a cimentar su fortuna. Era un hombre de una corpulencia que causaba impresión, y aunque bastante estricto en la disciplina de sus hijos, éstos lo adoraban, incluyendo a Charles. Su madre fue Susannah

Wedgewood (1765-1817), quien sirvió a Robert como secretaria, y tuvo que lidiar con su temperamento un tanto brusco y dado a explosiones de mal genio. Murió joven.

Infancia y adolescencia

Charles Robert Darwin nació en Shrewsbury, Inglaterra, el 12 de febrero de 1809 y murió en su hogar campestre en Down (Kent), el 19 de abril de 1882. Fue el quinto hijo de un total de seis, y el segundo varón. Los otros hijos del matrimonio fueron Marianne (1797), Carolina (1800), Susan (1803), Erasmus (1804) y Catherine (1810). Carolina se ocupó de la educación de los dos menores desde muy temprano, y a la muerte de la madre, ella y Marianne se hicieron cargo de la casa y de sus demás hermanos. Darwin tenía ocho años cuando su madre falleció, por esto recordaba muy poco de ella. Su hermano Erasmus, quien se graduaría de médico, aunque no ejercería la profesión, sería un compañero y amigo muy querido para Darwin durante toda la vida.

Su infancia y adolescencia transcurrieron en la casa paterna, conocida como The Mount, en Shrewsbury. Fue enviado a la escuela local en 1817, y en 1818 interno al Colegio de Shrewsbury, donde la educación se basaba en el estudio de los clásicos y la gramática. Sus hermanas mayores impusieron una estricta disciplina en el manejo de los asuntos domésticos, y al parecer inculcaron en el joven Charles un gran sentido del deber y una rutina de trabajo que no lo habrían de dejar sino hasta su muerte. Pero también el joven se sentía en ocasiones abrumado por la forma seria y poco flexible del trato cotidiano de sus hermanas, lo que hizo que buscara pasatiempos que lo alejaban con bastante frecuencia de la casa. Solía hacer largas caminatas por los alrededores, y era un entusiasta cazador de pájaros y pescador, aficiones que abandonaría sólo hasta mucho tiempo después. Según las propias reminiscencias en su *Autobiografía*, estas aficiones lo hicieron interesarse vivamente por la naturaleza convirtiéndose con el tiempo en un gran observador, habilidad que le sería indispensable en sus investigaciones. Con frecuencia visitaba la casa de los Wedgewood, en Maer, ya que las dos familias siempre fueron muy unidas. Aunque se casaría con su prima Emma, en los tiempos de su juventud no hubo indicios de que existiera una relación amorosa entre los dos; solamente cuando Darwin volvió de su viaje, la relación se materializó.

Según sus recuerdos, los años escolares fueron poco satisfactorios, pero adquirió un interés acentuado en la recolección de conchas, minerales, huevos de aves y hasta sellos postales, costumbre que no habría de abandonarlo jamás, y que resultó de suma importancia en su trabajo científico. También lo atrajo el estudio de la química, y llegó a construir un laboratorio rudimentario con su hermano; pasaban juntos mucho tiempo en ensayos y experimentos.

Edimburgo: un tropiezo con la Medicina

Debido al poco rendimiento escolar, su padre decidió enviarlo a Edimburgo a estudiar Medicina en octubre de 1825, cuando apenas contaba dieciséis años. Su abuelo Erasmus se había graduado allí y su hermano se encontraba en el último año de estudios. Aunque Charles abandonó la carrera dos años después, cabe anotar que durante el verano, antes de ingresar a la universidad, le sirvió de ayudante a su padre en la atención de sus pacientes, experiencia que le resultó agradable.

En Edimburgo asistió poco a las conferencias de Medicina y a las prácticas en el anfiteatro y en el hospital, mostrando aversión por la sangre y por las intervenciones quirúrgicas llevadas a cabo sin anestesia.

En cambio, estableció contactos con varios naturalistas, con quienes adquirió experiencia en la recolección de especímenes botánicos y zoológicos, principalmente insectos. Se relacionó con el grupo de los llamados radicales, entre los cuales se destacaba el naturalista y médico Robert Grant (1793-1874), de quien se hizo muy buen amigo. Grant defendía la teoría evolutiva de Lamarck, y en sus caminatas con Darwin le daba largas conferencias sobre los cambios evolutivos que se podían observar en la naturaleza y la necesidad de estudiarlos.

Fue así como Darwin se acercó por primera vez al conocimiento de las ideas transmutacionistas (término empleado en el siglo XVIII y en la primera mitad del XIX), y se apasionó por la observación de invertebrados marinos, sobre todo los corales, en los cuales Grant era experto. En la universidad se afilió a varias sociedades científicas, entre ellas la Plinian Society (Sociedad Pliniana), donde el 27 de marzo de 1827 presentó algunas observaciones que había realizado sobre huevos y anatomía de invertebrados, que indicaban su capacidad de observación de detalles. Aunque más tarde él diría que la amistad con Grant no había ejercido influencia en el desarrollo de su pensamiento, el historiador Bowler considera que su deseo de no ser reconocido como seguidor de Lamarck hizo que *a posteriori* rechazara cualquier referencia que insinuara tal asociación. Haber escuchado y confrontado estas ideas poco ortodoxas lo hicieron receptivo a los nuevos desarrollos en las ciencias. Esto significaría que el largo camino que recorrería para rechazar los postulados de la teología natural tuvo su punto de partida en lo que escuchó en Edimburgo.

Cambridge: la educación informal de un naturalista

A los dos años de su permanencia en la capital escocesa, su padre se convenció de que Charles nunca sería médico, por lo cual resolvió enviarlo a la Universidad de Cambridge, a estudiar las órdenes eclesiásticas de la Iglesia anglicana. Los estudios universitarios clásicos eran un requisito para acceder a la vida clerical, y Robert decidió que la vida de pastor rural era un oficio conveniente para un joven que parecía no mostrar ninguna cualidad especial, ni inclinación hacia algún oficio remunerado apropiado para su posición social. Charles no estaba muy entusiasmado con esta perspectiva, pero aceptó la disposición paterna porque tampoco él sabía lo que quería hacer. Sin embargo, antes de ir a la universidad tuvo la oportunidad, ese verano, de visitar por primera vez Londres, y luego, acompañado por su tío Josiah II, realizó el único viaje a la Europa continental, donde conoció París.

Antes de comenzar sus estudios, tuvo que contratar un tutor privado para nivelarse en estudios clásicos, los cuales había olvidado por completo; esto hizo que sólo llegara a Cambridge en diciembre, varios meses después de haber empezado el período académico. En la universidad siguió el currículo usual, que incluía el estudio de los clásicos, Matemáticas y Teología. Aunque las materias no le llamaron la atención, el estudio de los libros de William Paley, especialmente *Teología natural*, *Evidencias del cristianismo* y *Moral*, los cuales eran requisito para graduarse, le agradaron por el estilo elegante y la lógica de su exposición. Para esta época, Darwin creía en la explicación de la teología natural acerca de los seres vivos, y según su *Autobiografía*, creía también en la verdad literal de la Biblia.

Los cuatro años que pasó en la universidad fueron esenciales en su formación científica. Su poco interés por el estudio formal se vio compensado con creces debido a su entusiasmo por las actividades extracurriculares, entre las que descollaban las largas caminatas por el campo en busca de insectos, en particular de escarabajos, de los cuales formó una colección que fue famosa en Cambridge, y a la cual el profesor Frederick Hope, importante entomólogo inglés, contribuyó con un centenar de especímenes. Su pariente William Darwin Fox (1805-1880) fue amigo e interlocutor entrañable durante su estancia en Cambridge, y compañero incansable en sus expediciones entomológicas; posteriormente sería uno de los corresponsales más diligentes durante el viaje del *Beagle*. Fue él quien lo presentó al reverendo John Stevens Henslow (1796-1861), uno de los más reputados botánicos de su tiempo y profesor muy estimado en Cambridge, quien pronto se convertiría en su tutor y maestro. Darwin asistió a sus conferencias y lo acompañó en los viajes de recolección de especímenes botánicos, adquiriendo hábitos de trabajo que no los dejaría nunca más. Pasaba mucho tiempo en su compañía, tanto así que era conocido como "el hombre que camina con Henslow". Tuvo oportunidad de conocer a otros profesores, principalmente en las famosas reuniones nocturnas en casa del profesor Henslow, a las cuales asistían la crema y nata de la ciencia de Cambridge.

Dedicó los meses finales de 1830 a estudiar para su examen de licenciatura, que presentó el 22 de enero del año siguiente. En el tan temido examen oral, porque pensaba que iba a fallar en los temas acerca de los clásicos y en Matemáticas, le fue bastante bien, sobre todo en los temas referidos a las obras de Paley. Ocupó el décimo puesto entre 178 estudiantes, y así obtuvo su grado (BA).

La naturaleza les gana a las órdenes eclesiásticas

Su afición por todo lo que tuviera que ver con la naturaleza, y su actividad incansable en la observación y recolección de todo tipo de organismos, convirtieron a Darwin en un naturalista bien entrenado, con un conocimiento amplio de invertebrados, adquirido en Edimburgo, y de las técnicas de recolección y conservación de especímenes animales y botánicos (sobre todo en taxidermia, arte que había aprendido de manos de John Edmonstone, un esclavo liberto de la Guyana).

Debido a que había empezado su carrera en diciembre de 1829, volvió en abril para completar el tiempo que le faltaba, estadía que aprovechó para leer toda clase de libros, como *Teología natural*, de Paley, *Discurso preliminar sobre el estudio de la Filosofía natural*, de Herschel, y *Narrativa personal* de Alexander von Humboldt (1769-1859), donde éste narra sus viajes por América del Sur. Además, pudo asistir a las conferencias de Geología de Adam Sedgwick (1785-1873), el geólogo más reconocido en aquel tiempo, y con quien en el verano de 1831 viajó al País de Gales para aprender con él las técnicas fundamentales de la exploración geológica, lo cual le sería de gran utilidad más tarde. La Geología, en esta época, era una disciplina estrechamente emparentada con el estudio de la naturaleza, y se consideraba que hacía parte del conocimiento básico que todo naturalista debía poseer. Algunos, como Darwin, fueron expertos en ambos campos, aunque ya para mitad del siglo XIX las dos ciencias habían tomado rumbos diferentes.

Durante la etapa final de su educación, Henslow lo alentaba a que pensara en una carrera en ciencias naturales, la cual no era incompatible con las órdenes eclesiásticas, ya que él mismo era pastor de la Iglesia anglicana. También lo animó a hacer un viaje a los trópicos; esto hizo que Darwin planeara visitar las islas Canarias, junto con Marmaduke Ramsay, tutor de su universidad, quien había sido un buen compañero de estudios. Aunque Darwin logró la financiación del viaje por parte de su padre, no pudo realizarlo, ya que Marmaduke murió ese verano.

Luis Enrique Caro Henao

El joven recién graduado debía tomar una decisión en cuanto al rumbo de su carrera. Su padre y sus hermanas estaban preocupados porque hasta ese momento no habían visto que existiera ninguna resolución para tomar las órdenes eclesiásticas. Su rechazo a la Medicina, y el poco entusiasmo que había mostrado por los estudios en Cambridge, aparte de vagar por la campiña en busca de sus "queridos escarabajos", les hacían temer que el joven se convirtiera en un disoluto, sin un oficio respetable, como el que su hermano Erasmus había decidido hacer en Londres. En verdad, la indecisión de Darwin no era tal. Su relación con Henslow y el entusiasmo por todo lo que tuviera que ver con el estudio de los seres vivos, ya manifiesto desde Edimburgo, lo habían convencido de que su llamado eran las ciencias naturales, para las cuales se sentía bastante bien calificado. El problema estribaba en que reconocía la oposición que su padre mostraría si él tomaba este camino. Ciertamente, él no tuvo nunca la convicción de ser pastor anglicano, e incluso, como anota en su *Autobiografía*, dudaba de los 39 artículos de la Iglesia. Henslow y Sedgwick reconocían que era un gran observador y recolector, y que sus conocimientos teóricos, sin ser completos, eran suficientes para abrirle las puertas de una carrera en cualquier rama de la Geología o las ciencias de los seres vivos.

Evidentemente, Charles no tenía en perspectiva un trabajo estable, y temía que su vida quedara confinada a alguna parroquia campestre, donde se convertiría en un aficionado naturalista sin ninguna importancia. Por fortuna para él, poco después de su regreso del viaje con Sedgwick, todo cambiaría, y la naturaleza abriría sus misterios a la inquisición de este joven entusiasta.

El viaje del Beagle: descubrimiento de un oficio (1831-1836)

> Qué día glorioso será para mí el cuatro de noviembre: mi segunda vida comenzará entonces, y ello será como un nacimiento para el resto de mi vida (extracto de una carta de Darwin al capitán Fitz-Roy F., tomado de Francis Darwin, *The Life and Letters of Charles Darwin*).

La vida de Darwin estaba a punto de tomar un rumbo que él mismo no había imaginado. Durante el verano de 1829, el profesor Henslow recibió una comunicación de un tutor de Cambridge, George Peacock, a quien el capitán Beaufort de la Marina se había dirigido para pedirle que recomendara a un naturalista que acompañara al capitán Robert Fitz-Roy (1805-1865), capitán del *Beagle*. Este barco de reconocimiento geográfico iba a emprender un viaje de exploración para completar la cartografía de la costa de América del Sur, que se había iniciado en años anteriores, y también iba a realizar una serie de mediciones cronométricas para mejorar la precisión de las medidas de longitud. Henslow pensó inmediatamente en Darwin y le escribió:

> He afirmado que lo considero a usted la persona mejor calificada para aceptar el ofrecimiento. Esto no lo hago porque lo con-

sidere un naturalista ya formado, pero sí porque está ampliamente cualificado para coleccionar, observar y anotar cualquier cosa que sea digna de estudiar en Historia Natural. [...] El capitán Fitz-Roy quiere un hombre (así lo entiendo) más como compañero que como mero coleccionista, y no tomará a nadie, así sea un buen naturalista, que no le sea recomendado, además, como un caballero. (Francis Darwin, *The Life and Letters of Charles Darwin*).

El joven Darwin inmediatamente vio la oportunidad que estaba buscando y solicitó el permiso de su padre.

Éste y las hermanas se opusieron en un principio, porque consideraban que el viaje no lo prepararía para ser clérigo y más bien sería un obstáculo para ello. Pero Robert dejó abierta una puerta al decirle que si conseguía que una persona inteligente lograra convencerlo de la pertinencia del viaje, él le daría su beneplácito. Darwin, conociendo el carácter de su padre, vio que era muy poco probable su autorización y escribió una nota rechazando la oferta. Para pasar el trago amargo decidió visitar a sus familiares en Maer, y relató lo acontecido a su tío Josiah II, quien comprendió la oportunidad extraordinaria que se le presentaba a su sobrino, por lo que de inmediato escribió al padre para refutar todas las objeciones que le había presentado a Charles. Además, viajó al The Mount para insistir de manera directa, logrando convencer al padre de que esta experiencia no podía pasarse por alto, ya que lo prepararía para el resto de su vida. El padre cedió y otorgó el permiso. Charles viajó sin tardanza a Cambridge para aceptar la oferta, temiendo que ya fuera tarde. Sin embargo, su nota no había llegado y luego de varias entrevistas con Fitz-Roy fue aceptado como compañero del capitán. Las investigaciones históricas actuales demuestran que Darwin no fue llevado como naturalista del barco; este cargo lo tenía Robert McCormick, cirujano principal a bordo, quien pocos meses después de haber zarpado retornó a casa, aburrido del entusiasmo de Darwin por el trabajo de recolección y sus exploraciones geológicas, y al parecer por una cierta antipatía debida a las preferencias otorgadas a éste por parte del capitán.

El viaje por Suramérica

El *Beagle* zarpó el 27 de diciembre de 1831 del puerto de Plymouth, después de varios meses de demoras por reparaciones y mal tiempo. Inicialmente el viaje estaba proyectado para dos años, pero habrían de pasar casi cinco años para su regreso. Desde el comienzo Charles tuvo problemas de mareos, sobre todo cuando la marea estaba alta; sin embargo, cuando el mar estaba en calma o el barco estaba en tierra, era un trabajador incansable. La primera visita a tierra fue en el archipiélago de Cabo Verde, donde hizo los primeros reconocimientos geológicos, actividad que lo ocupó por más tiempo durante toda la travesía.

En su diario hizo las primeras anotaciones acerca de la geología del lugar. El 28 de febrero de 1832 el *Beagle* arribó a Salvador de Bahía de Todos los Santos, Brasil, y luego a Río de Janeiro, donde permanecieron hasta junio. Darwin hizo algunas exploraciones tierra adentro y visitó varias haciendas, donde por primera vez tuvo contacto con la sociedad esclavista de los grandes estancieros brasileños. Esta experiencia le hizo aumentar su aversión a esta práctica tan arraigada en su familia desde tiempos de su abuelo Erasmus. Su oposición a la esclavitud lo enfrentó en varias ocasiones con el capitán Fitz-Roy, defensor de ella.

En julio alcanzaron Montevideo y luego Argentina; durante los dos años siguientes recorrieron en varias ocasiones la costa hasta la Patagonia, Tierra del Fuego y las islas Malvinas. Darwin realizó numerosas expediciones en tierra, recolectando plantas, animales y fósiles, los cuales fue enviando a Henslow, en Cambridge. Exploró la pampa con los gauchos, cabalgando y durmiendo a la intemperie, que según sus cartas y el relato del *Diario*, fue la parte más agradable del viaje. Aquí se debe anotar que en ese tiempo la salud de Darwin era, excepto por los mareos, muy buena, y su vigor físico le permitió hacer largas travesías, escalar montes y explorar terrenos muy accidentados. Realizó el levantamiento de la geología de los territorios explorados, lo cual le fue suministrando datos e ideas para la elabora-

Henslow, geólogo y abogado inglés, es considerado el fundador de la Geología moderna. Al regreso de Darwin a Inglaterra, se convirtió en su mentor y amigo, alentándolo a publicar sobre temas geológicos y fue quien más insistió para que hiciera públicas sus ideas sobre evolución, aunque él nunca aceptó la teoría. Creía que el mundo había sido creado y pasaba por ciclos de cambios que renovaban la Tierra, pero que en esencia siempre había los mismos elementos. Aunque era un experto en estratigrafía y en fósiles, nunca pudo aceptar que fueran los ancestros de los organismos modernos.

De los *Principios de Geología*, publicado en tres volúmenes, Darwin recibió el segundo durante el viaje y fue una de sus lecturas predilectas. Este texto fue fundamental en el establecimiento de la teoría uniformitariana en Geología, cuyos postulados principales afirman que los cambios de la corteza terrestre han ocurrido desde la creación, de forma lenta y gradual, y las fuerzas actuantes han sido siempre las mismas. Lyell había tomado las ideas precursoras del médico y geólogo James Hutton (1726-1979) quien había escrito *Teoría de la Tierra*, donde defendía la idea de que los cambios de la superficie terrestre habían ocurrido desde los principios de la creación y sus causas eran las mismas que estarían actuando todavía (sedimentación, cambios en los niveles de los mares, erupciones volcánicas). En *Principios de Geología* Lyell retomó lo anterior y propuso una teoría basada en que los cambios ocurren lenta y gradualmente, sin episodios de catástrofes mayores, y que esa historia es posible estudiarla en los estratos y el registro fósil que se localiza en cada uno de ellos. Además, Lyell proponía que la extinción de especies era balanceada por la creación divina de nuevas especies, con lo cual se mantenía el equilibrio de la Tierra.

ción de una teoría sobre cómo los continentes pueden modificarse a través de levantamientos del suelo continental, producidos principalmente por terremotos. Para esto le ayudó mucho la lectura del primer volumen de la obra de Charles Lyell (1796-1875) *Principios de Geología* —publicada en tres volúmenes— que él había llevado, y su entrenamiento con Sedgwick. En sus viajes por La Pampa descubrió una nueva variedad de avestruz del género *Rhea*, que luego el ornitólogo John Gould (1804-1881) identificó como una nueva especie, asignándole el nombre técnico de *Rhea darwini* en su honor. También hizo numerosos hallazgos de fósiles de *Megatherium* (perezoso gigante), *Toxodon* (un roedor gigante) y *Macraucheria* (especie del grupo de la llama).

A finales de 1832, el *Beagle* alcanzó Tierra del Fuego, donde el capitán Fitz-Roy había escogido, en el viaje anterior del *Beagle*, a cuatro jóvenes indígenas (uno murió por una reacción a la vacuna de la viruela), para educarlos en Inglaterra, y ahora venían de vuelta junto con un misionero de apellido Mathews. El capitán creía que ellos serían capaces de civilizar a sus coterráneos para sacarlos de la barbarie. El misionero y los tres fueguinos fueron recibidos con aprehensión por los nativos, aunque éstos aceptaron que el misionero se quedara e incluso le ayudaron con el establecimiento de una huerta. Este experimento social, fruto del liberalismo proteccionista del capitán, fue un completo fracaso, ya que los fueguinos vueltos a su tierra pronto abandonaron los hábitos adquiridos en Inglaterra y diez días después de haberlos dejado, Fitz-Roy volvió para encontrar que el misionero había sido robado y amenazado de muerte. Esta experiencia sería crucial en el desarrollo posterior de la teoría evolutiva, ya que Darwin consideraba que todas las razas humanas eran una misma especie, en distintas fases de desarrollo, mientras que para la mayoría de los intelectuales de su época, incluido el capitán Fitz-Roy, los nativos eran una raza degenerada, luego de que la humanidad hubiera sido creada por Dios. Ello se vio reflejado en los textos darwinianos, pues para Darwin la evolución humana era igual que la evolución de cualquier otro animal. También exploró la región; lo mismo hizo más tarde en las islas Malvinas, ya en poder de los ingleses.

A principios de 1834, el *Beagle* llegó al Pacífico, arribando a Valparaíso el 22 de julio. Darwin visitó Santiago y recorrió las estribaciones de la Cordillera de los Andes, cercanas a la capital; a finales de noviembre exploraron las islas del sur. El

20 de febrero, estando en Valdivia, hubo un terremoto que destruyó Concepción y causó unos 100 muertos. La terrible experiencia fue en realidad un descubrimiento para Darwin, pues en su exploración del área pudo comprobar que en algunos sitios la tierra se había levantado varios pies. Estas observaciones le ayudaron a componer su teoría geológica de cómo a través de terremotos repetidos, durante mucho tiempo, puede cambiarse la superficie terrestre. Luego cruzó los Andes en marzo, alcanzando Mendoza, en Argentina. Al regresar a Santiago envió el último cargamento de sus colecciones y al poco tiempo partieron hacia Perú. Darwin hizo parte del viaje por tierra, volviendo al *Beagle* en Copiapó. Alcanzaron Lima el 19 de julio, y el 7 de septiembre tomaron rumbo norte, arribando a las islas Galápagos el 15 de septiembre.

Las Galápagos:
primeras dudas sobre la fijación de las especies

Hoy las islas Galápagos (Ecuador) son reconocidas mundialmente porque se dice que fue allí donde Darwin concibió su teoría de la evolución; en realidad las observaciones llevadas a cabo en ellas, y los especímenes recolectados, contribuirían, una vez regresó a casa, a formar sus ideas sobre los cambios en los seres vivos, pero Darwin continuaba convencido de que las especies eran inmodificables. Inspeccionó las principales islas y se sorprendió de que las aves y las tortugas parecían ser similares de una isla a otra; él incluso anotó que eran de la misma especie con ligeras variantes. Sin embargo, no reconoció que cada isla tenía una especie con adaptación propia; además, debido a la falta de tiempo, no tuvo cuidado en catalogarlas adecuadamente, lo cual fue un problema más adelante, porque al tratar de establecer el lugar de procedencia de cada variedad, no pudo hacerlo con precisión. Debió recurrir a los catálogos de museo donde había referencias a las islas para tratar de ordenar sus colecciones, y aun así le resultó difícil determinar exactamente dónde había obtenido cada variedad. Es más, los habitantes de las islas le aseguraban que ellos eran capaces de identificar a qué isla pertenecía cada tortuga; sin embargo, Darwin no tuvo tiempo de comprobarlo, y solamente en Londres, al revisar sus notas y los especímenes, notó que esto era verdad.

El 20 de octubre el *Beagle* comenzó la travesía del Pacífico, alcanzando la Polinesia el 9 de noviembre y Tahití el 15. Darwin observó los arrecifes de coral y empezó la escritura de un texto sobre su formación. Arribaron a Nueva Zelanda el 19 de diciembre y a Australia a mitad de enero. Visitaron Tasmania y en abril las islas Cocos. El 31 de mayo llegaron al cabo de Buena Esperanza, en Sudáfrica, donde se entrevistó con el astrónomo John Herschel (1792-1871), una de las figuras más relevantes de la ciencia inglesa, cuyo libro *Discurso preliminar sobre el estudio de la Filosofía natural* era considerado imprescindible para comprender el método científico. Herschel habría de referirse a la teoría de la selección natural como "la ley de lo confuso", rechazándola porque no era comprobable experimentalmente. El 23 de julio volvieron a Bahía, en Brasil, ya que Fitz-Roy quería completar sus mediciones de longitud, lo cual no agradó a ningún miembro de la tripulación. El 6 de agosto el *Beagle* partió hacia Europa, arribando al puerto de Falmouth el 2 de octubre.

Los frutos de la expedición

A su regreso, Darwin había acumulado una extraordinaria cantidad de notas (en diarios y cuadernos) y especímenes. Los catálogos de las colecciones enviadas muestran 1.529 especies conservadas y 3.907 incompletas (pieles, huesos, etc.), además de los fósiles. Había escrito un diario personal de 770 páginas, que sería editado como *Diario de investigaciones acerca de la Historia natural y la Geología de los países visitados durante el viaje alrededor del mundo del H.M.S. Beagle*. Sobre Geología escribió 1.383 páginas, y sobre Zoología, 368. Envió numerosas cartas durante el periplo alrededor del mundo, y entre sus más importantes corresponsales estaban Henslow, Fox y su familia. Cinco años de esfuerzos que él sabía que se perderían si no comenzaba a clasificar los especímenes y a revisar y organizar sus notas. Tenía que ponerse al frente del manejo de las colecciones, organizándolas para que pudieran ser estudiadas por especialistas y luego buscando a las personas más idóneas para encargarlas del trabajo. Por tanto, tomó la decisión de vivir un período en Londres para vigilar el avance del trabajo e interactuar con los geólogos y naturalistas; esta decisión fue difícil porque nunca gustó de la capital.

LONDRES:
CÓMO SE GESTA UNA REVOLUCIÓN (1837-1842)

Los inicios de una actividad incansable

Darwin llegó a casa el 4 de octubre, ya entrada la noche, sorprendiendo a la familia al día siguiente durante el desayuno. Fue recibido con gran alegría por sus hermanas y su padre, quienes desde las primeras horas percibieron que el joven había cambiado. Se comportaba de manera segura, sin rastros de su antigua timidez, entusiasmado por lo que había logrado y resuelto a dedicarse a la ciencia, abandonando por supuesto cualquier posibilidad de trabajar como clérigo de la Iglesia anglicana. El más asombrado era su padre, pero también el más contento, porque comprendió que su hijo había encontrado por fin su camino en la vida.

Luego de diez días en Shrewsbury, Darwin viajó a Cambridge para entrevistarse con Henslow y hacerse cargo de las colecciones que el mentor tenía bajo su cuidado. A finales de mes viajó a Londres, donde dispuso de la carga que había traído en el *Beagle*. Desde un comienzo asistió a reuniones científicas y sociales, y se vinculó a connotados científicos, entre ellos Charles Lyell, quien habría de convertirse en su mentor y en uno de sus más queridos amigos. También conoció a Richard Owen, quien se interesó por los fósiles descubiertos en Suramérica.

La mayor preocupación de Darwin eran las colecciones, de ahí que decidiera pasar el invierno en Cambridge con Henslow para organizarlas y preparar los especímenes. Esto no le impidió concurrir a reuniones científicas, e incluso participar en ellas. El 4 de enero hizo su primera presentación ante la Sociedad Real de Geología, en Londres, donde habló acerca de la elevación del continente suramericano a través de largos períodos.

En marzo retornó a Londres para fijar allí su residencia, atender los detalles relacionados con la disposición de sus especímenes, el traslado a las diversas instituciones y el encuentro con los expertos apropiados. Otra razón para vivir en la capital era darse a conocer como naturalista y geólogo; sin embargo, su nombre ya tenía cierta fama porque Henslow había difundido su trabajo durante el viaje del *Beagle*, al leer en diversas sociedades científicas extractos de las cartas que Darwin le enviaba con regularidad.

Su permanencia en Londres fue un período de intensa actividad científica e intelectual, que sembraría las semillas que harían posible la gestación de su obra. Al mismo tiempo, Darwin constituyó una familia, que le proporcionó el ambiente ideal para desarrollar su trabajo, convirtiéndose en el pilar alrededor del cual organizó su vida.

Una vez instalado en la capital, inició los contactos con los naturalistas más connotados para que se encargaran de la descripción y análisis de sus colecciones. El único que se ofreció a trabajar con ellas, sin que Darwin tuviera que solicitarlo, fue su compañero de Edimburgo, Robert Grant, pero debido a que las ideas políticas de éste eran cada vez más radicales, Darwin resolvió alejarse de él. Aunque no todos aceptaron el pesado encargo, e incluso Henslow no quiso responsabilizarse de las plantas, algunos de los más reconocidos expertos en cada disciplina sí lo hicieron.

Entre 1838 y 1842 se publicaron cinco volúmenes sobre la zoología del *Beagle*: "Aves", de John Gould; "Peces", de Leonard Jenyns; "Mamíferos fósiles", de Richard Owen; "Mamíferos", de G.R. Waterhouse y "Reptiles", de Thomas Bell. Darwin estuvo al tanto del desarrollo del trabajo, ayudó con la catalogación de los especímenes, principalmente en cuanto a los lugares donde habían sido hallados, hizo las veces de editor y buscó financiación para la publicación de los volúmenes, logrando una subvención de 1.000 libras esterlinas por parte del gobierno.

Participó asiduamente en las reuniones de la Sociedad Real de Geología, donde entró a formar parte del círculo defensor del uniformitarianismo de Lyell, que por ese entonces se enfrentaba a la teoría catastrofista, defendida por Adam Sedgwick. Escribió artículos sobre la geología de Suramérica y avanzó algunas teorías que poco a poco se fueron consolidando en tres volúmenes: *Estructura de arrecifes de coral* (1842), *Islas volcánicas* (1843) y *Observaciones geológicas de Suramérica* (1846); de éstos, el primero fue el más importante y el que más impacto tuvo en la comunidad de los geólogos. También fue nombrado secretario de la Sociedad Real de Geología en 1838 y vicepresidente de ésta en 1843.

Emma y Charles: una familia victoriana

A su regreso a Maer, Darwin volvió a entablar relaciones con la familia Wedgewood, y comenzó una relación con su prima Emma (1808-1896), un año mayor que él. Las dos familias, como se mencionó, estaban estrechamente relacionadas desde hacía mucho tiempo. El padre y las hermanas de Darwin lo animaron a que se casara, y él, luego de algunas dudas, le propuso matrimonio. Es interesante anotar que antes de hacerlo, Darwin hizo un balance de la situación. Entre sus papeles se encontró un cuadro con dos columnas donde aparecía lo positivo y lo negativo de casarse. Tal vez lo que inclinó la balanza a favor del matrimonio fue el que tendría una compañera que estaría pendiente de sus asuntos y le ayudaría a organizar su trabajo. Uno percibe aquí una actitud egoísta y, en efecto, al menos inicialmente, la preocupación es por él mismo y no por su futura esposa. Nunca las expectativas de alguien llegarían a tener un cumplimiento tan cabal como las de Darwin.

Emma y Charles se casaron el 29 de enero de 1839 en Maer, y se instalaron inmediatamente en Londres. Del matrimonio nacieron diez hijos, aunque los problemas de salud causaron la muerte a tres de ellos: Annie, Mary Eleanor y el menor, Charles Waring, que nació con retardo mental. Darwin siempre tuvo la sospecha de que la mala salud de sus hijos, aun la de quienes vivieron largos años, se debía al hecho de haberse casado con su prima hermana.

Algunos de sus hijos hicieron carreras brillantes: William, el mayor, fue un banquero prestigioso. Francis (Frank) siguió los pasos de su padre, y colaboró con él en las investigaciones y la corrección de pruebas de los últimos libros escritos; la recopilación de algunas de las cartas de su padre y un libro sobre su vida, *Vida y cartas de Charles Darwin*, fueron muy importantes para la revisión de la biografía darwiniana y su análisis histórico. George fue astrónomo y ocupó la cátedra Plumian de Astronomía en Oxford, la más importante en esa disciplina. Horace fue un reputado fabricante de instrumentos científicos.

Hay que resaltar la poderosa ayuda de Emma. Ella fue el soporte que le permitió a Darwin dedicar todos sus esfuerzos a la realización de su obra científica. Era una matrona típica de la era victoriana, quien manejó su hogar de tal manera que todo se hacía para que su esposo no tuviera impedimento alguno. Los horarios se ajustaban a la jornada de Darwin, y ella vigilaba que no fuera molestado. Resultó, además, una enfermera bastante hábil en el cuidado de su esposo, quien sufría episodios repetidos y en ocasiones prolongados de una enfermedad que aún hoy es tema de debate. Se podría escribir un libro únicamente con los casos recurrentes de su enfermedad. Fue obsesivo en la búsqueda de curas, entre ellas una con baños de agua helada (hidroterapia), en la que se le recetaban distintos regímenes muy en boga en su tiempo, y que le hacían permanecer semanas en los sanatorios dispuestos para esto. También hizo dietas de distinto tipo, pero en realidad las mejorías eran temporales y casi nunca completas. Los síntomas eran palpitaciones, dolores de cabeza y diversas alteraciones gastrointestinales. El diagnóstico más aceptado actualmente es que era una manifestación psicosomática aguda, cuyos desencadenantes principales eran la ansiedad provocada por el trabajo intenso y la excitación emocional, lo cual parece ser corroborado porque muchas de las situaciones tenían que ver con la intensidad de sus labores o la preparación de textos que él consideraba que serían controvertidos por sus ideas poco ortodoxas. También se ha propuesto que padecía la enfermedad de Chagas, producida por un parásito que afecta el corazón, la cual habría adquirido en La Pampa donde fue picado por un insecto transmisor de ésta; sin embargo, algunos de los síntomas que se exacerbaron con el tiempo ya los presentaba antes del viaje.

Emma cuidó pacientemente del científico, y aunque no compartía sus ideas acerca de la evolución, debido a sus creencias religiosas, lo apoyó hasta el último día de su vida. Poco después del matrimonio, ella le escribió una carta en la cual le pedía que reconsiderara su posición respecto a la Biblia, ya que temía su condenación y separación de los dos en el más allá. Darwin la leyó en muchas ocasiones y, según sus propias confesiones, lloró muchas veces sobre ella.

Un hombre acaudalado dedicado a la ciencia

Darwin nunca tuvo que trabajar por un salario, y fuera de algunos ingresos por la venta de sus libros, jamás ganó dinero por sus investigaciones. No ocupó un cargo remunerado, académico o de otra índole, ya que su padre —al comprender que su hijo alcanzaría un lugar prominente entre los geólogos y naturalistas de Inglaterra—, le otorgó una renta vitalicia de 400 libras esterlinas anuales y un paquete de acciones, para que dedicara todo su tiempo a la investigación y escritura. Cuando se casó, la dote de Emma fue de 5 mil libras y una renta anual de 400; el padre de Darwin agregó 10 mil libras. A través de su vida, Darwin supo invertir el dinero, y al morir dejaría una buena herencia a Emma y a los siete hijos que sobrevivieron. Toda su actividad científica e intelectual fue realizada al margen de sus necesidades económicas, siendo ésta una de las razones por las que ha sido tildado de un aristócrata sin problemas en la vida y cuyo único fin en su labor científica fue la defensa de la sociedad victoriana y sus ideales. Ciertamente, Darwin hacía parte de la clase media alta inglesa, y su educación había sido como la de cualquier joven de este estrato social. Además, era graduado de una de las universidades más conservadoras en ciencias naturales y Teología. Sus lecturas y relaciones sociales, por supuesto, lo hicieron partícipe de la teoría social y económica surgida de la Revolución Industrial, y es innegable que ellas influyeron en la visión que tuvo de su sociedad y de su lugar en ella. Sin embargo, como el estudio de sus obras demuestra, la teoría científica que elaboró tiene fundamento en las observaciones e investigaciones que llevó a cabo, tanto durante el viaje como posteriormente, aunque es innegable que su amplio conocimiento de otras disciplinas también influyó en el desarrollo de sus ideas.

CHARLES DARWIN

Primeras ideas acerca del origen de las especies

Desde 1837 Darwin comenzó a reflexionar acerca del origen y variedad de las especies. Una parte importante de su labor intelectual, al principio de su estadía en Londres, fue la revisión de los diarios de geología y la escritura de los textos geológicos. Quizás el problema que más lo preocupó inicialmente fue conciliar la teoría uniformitariana de Lyell, en particular con respecto a cambios graduales y continuos de la corteza terrestre, con sus hallazgos de distribución geográfica y de fósiles. Al finalizar el viaje del *Beagle*, aún creía en la inmutabilidad de las especies y en el relato bíblico de la creación. Sin embargo, sus experiencias de cinco años lo fueron alejando poco a poco de la explicación religiosa acerca de los seres vivos, que él había estudiado en Cambridge, principalmente en los libros de William Paley. Debido a la importancia de este período en la formación de la teoría evolutiva, me detendré en la descripción de su desarrollo y las implicaciones que tuvo en el establecimiento de lo que podemos denominar el pensamiento darwiniano.

En junio de 1837, inició la redacción de lo que hoy se conoce como los *Cuadernos de notas*, donde de manera muy personal Darwin iba anotando el desarrollo de sus ideas, sus preocupaciones acerca de las hipótesis que iba elaborando y las posibles controversias que ellas suscitarían. Ya en el primer cuaderno se hace evidente que Darwin comenzaba a alejarse de las explicaciones de la Teología natural. ¿Por qué abandonó sus creencias de un mundo diseñado y creado en sus más mínimos detalles, por un mundo cambiante, de forma tan rápida una vez volvió a Inglaterra?

La razón inmediata tal vez haya sido la observación del ornitólogo John Gould sobre los arrendajos (sinsontes) y los pinzones de las Galápagos. En lo que podríamos llamar la *mitología darwiniana*, a estos últimos se les ha asignado el papel de haber sido la causa del cambio de Darwin, pero es mucho más probable que hayan sido los arrendajos los que en verdad le hicieron modificar sus creencias. Darwin consideró inicialmente que los distintos especímenes que recolectó en las Galápagos eran variantes de una misma especie (se diferenciaban por el pico y por el alimento que tomaban), pero Gould los identificó como especies distintas. Al releer sus notas del *Beagle* sobre los arrendajos, se percató de que cada una de las especies estudiadas por Gould provenía de islas distintas, y que una especie continental, originaria del Perú, era similar a las de las islas, lo cual le hizo pensar en la posibilidad de que a partir de una especie procedente del continente, pudieran surgir nuevas especies en un archipiélago, donde en cada isla la especie original comenzaría a modificarse independientemente de las otras, debido al relativo aislamiento.

Aunque los pinzones se han llevado el crédito en el surgimiento de las ideas transmutacionistas darwinianas, en la actualidad se piensa que inicialmente no fue así. Darwin en su inspección de las Galápagos no había tenido cuidado en clasificar de qué isla era cada especie de pinzón. Aquí hay que indicar que una de las características del trabajo de Darwin era su meticulosidad y precisión en la información pertinente de todas las piezas que recolectaba. La dificultad que tuvo en las Galápagos fue la falta de tiempo, y en su apuro por explorar la mayor cantidad de terreno en poco tiempo, descuidó el registro. Posteriormente, con la ayuda de los catálogos que se habían hecho en otros viajes, pudo aclarar en parte la confusión y, por supuesto, estos datos le proporcionarían más pruebas para su teoría.

Sus conversaciones con Owen sobre los fósiles del *Beagle* le abrieron los ojos acerca de las similitudes entre éstos y las especies vivas que se localizaban en las mismas regiones donde había encontrado aquéllos. El método que utilizó Owen se basó en la comparación de la anatomía de los fósiles con la de las especies modernas, dando la oportunidad a Darwin de percibir una relación, al menos anatómica, entre las especies extintas y las actuales. Aquí encontramos una paradoja que se da con alguna frecuencia en el desarrollo histórico de las ciencias. Richard Owen no aceptó nunca la teoría de la evolución de Darwin; negó la continuidad en el tiempo entre formas extintas y especies vivas. Sin embargo, la información proporcionada por sus estudios exhaustivos de los fósiles del *Beagle* le dio a Darwin una de las claves para explicar la descendencia con modificación.

Primer esbozo de una teoría revolucionaria

Una vez Darwin aceptó que los seres vivos cambiaban a través del tiempo, comprendió que debía explicar esto en términos de causas naturales que pudieran ser corroboradas o rechazadas.

Luis Enrique Caro Henao

Fue consciente de que si quería dar cuenta de la variedad y de cómo ésta era producida por la naturaleza, tenía que referirse a cómo nuevas especies podían originarse a partir de otras más antiguas, tal como pareció mostrarlo la distribución geográfica y el registro fósil. La primera idea importante consignada en los cuadernos tiene que ver con lo anterior, y es la teoría de la comunidad de descendencia. Este concepto implica que las especies evolucionan a partir de especies ancestrales más antiguas. Es decir, que los cambios en una población pueden llevar a modificar de tal manera a algunos individuos, que éstos se transforman en una especie distinta de la original. Para Darwin, al principio se origina una forma de vida única (o algunas pocas formas), la cual se va transformando a través del tiempo en distintas especies que van divergiendo unas de otras, como las ramas de un árbol o arbusto. Afirmaba que si fuera posible hacer un recuento hacia atrás desde las especies actuales a través de los fósiles, todas convergirían hacia un punto único, que sería el inicio de la vida.

La explicación que propuso es que las nuevas especies aparecieron cuando una parte de la población quedó aislada geográficamente de la población original, por ejemplo en islas como las Galápagos. De ahí que el patrón de evolución que proponía fuera análogo al de las ramificaciones de un árbol o arbusto. Estaba convencido de que este proceso era capaz de explicar los sistemas de clasificación que se habían creado hasta ese momento. Pero para Darwin este postulado inicial necesitaba ser explicado en términos de causas naturales. Sus lecturas de los textos de Herschel y William Whewell

45

(1794-1866), lo habían convencido de que cualquier hipótesis que se propusiera acerca de la naturaleza tenía que describirse en términos de leyes generales (como lo había hecho Newton con la Física y la Astronomía), las cuales tenían que contrastarse con los datos de la experiencia. Para él era muy claro que las teorías que carecieran de una explicación causal, es decir, de un mecanismo, no iban a ser aceptadas por los científicos. Por tanto, su siguiente paso en la construcción de su teoría, tenía que estar encaminado a buscar un mecanismo natural, que fuera distinto al del Dios diseñador.

El viaje lo había convencido de que en la naturaleza había abundante variedad, y de que ésta era heredable de padres a hijos. En su búsqueda de la causa de esto, solicitó la colaboración de los criadores de plantas y animales domésticos, quienes le proporcionaron mucha información, en particular referida a que las diferencias entre individuos de una población se producían aparentemente sin ningún propósito. Para ellos las diferencias, en muchos casos poco evidentes, excepto para un experto, podían tener algún valor, por ejemplo mayor producción de leche o carne, o colores espectaculares. Una vez identificado el caracter apropiado, el criador lo podía escoger, es decir, seleccionar, apartando a los individuos que lo poseían del resto de la población y permitiendo el apareamiento solamente entre ellos, pero no con la población original. Darwin utilizaría en su libro, que todavía estaba muy lejano, la comparación entre esta selección artificial y la que puede ejercer la naturaleza, escogiendo los organismos más aptos, a la que llamó selección natural.

Luis Enrique Caro Henao

Convencido de la existencia de la variación heredable, se dio cuenta de que debía contestar dos preguntas: ¿cómo se produce esa variación? y, ¿cómo escoge la naturaleza los individuos cuyos caracteres sean los apropiados? Nunca pudo resolver la primera, pues los conocimientos de su tiempo no habían logrado postular una teoría hereditaria (la Genética moderna) que explicara cómo los caracteres de los organismos se transmitían de una generación a otra. Consideraba que la reproducción sexual y la generación de nuevos organismos son las que producen la variación y permiten la herencia. Aseguraba que el sexo (combinación de dos conjuntos de caracteres heredables) era un requisito para asegurar la creación y preservación de la variedad, la cual permitiría que la población respondiera a cambios ambientales.

En cuanto al mecanismo por medio del cual la naturaleza escoge a algunos individuos, porque poseen peculiaridades que los hacen más adaptables al medio, tardó un tanto en reconocerlo. En septiembre de 1838, mencionó por primera vez, en el cuaderno *D*, a Robert Malthus y su *Ensayo sobre el principio de la población*. Allí encontró la clave para el mecanismo que andaba buscando. El concepto maltusiano de la lucha por la existencia le abrió los ojos a la causa probable de los cambios que pudieran surgir en un grupo poblacional cualquiera.

La primera idea que se le ocurrió fue que la naturaleza se comporta como una serie de cuñas (especies) que compiten por un espacio vital estrecho (recursos), cada una tratando de procrearse mejor que la vecina. En el cuaderno *E* consideró que la presión que se genera por la tendencia constante de una población a crecer produce conflicto entre individuos de la misma especie, que genera la competencia donde unos son más afortunados que otros (ganadores y perdedores); así tuvo de dónde asirse para proponer la selección natural. El ambiente actuaría sobre la variabilidad existente, seleccionando aquellos individuos que posean caracteres apropiados a las circunstancias del ambiente, ya que cualquier ventaja, por pequeña que sea, les proporcionaría mayores posibilidades de sobrevivir y transmitir sus cualidades a las generaciones futuras, es decir, reproducirse; esto fue lo que Darwin llamó adaptación.

Para Malthus, la lucha por la existencia era un proceso destructor que eliminaba; para Darwin, por el contrario, era creativo, ya que la selección natural elimina los no adaptados en cada generación, permitiendo la supervivencia de aquellos que pueden utilizar mejor los recursos y reproducir en las generaciones futuras esos caracteres. Aunque Darwin hizo hincapié en que las ideas de competencia y selección las había adoptado de su lectura de Malthus, es posible que la mayor influencia respecto a esto fuera la filosofía económica de Adam Smith. Éste había propuesto que la actividad de los individuos, en lucha contra sus vecinos para producir, es lo que impulsaba el progreso (ganancia). La prosperidad económica, por tanto, dependería de la iniciativa individual, y sería destruida si ocurría la intervención del Estado. La filosofía utilitarista de Bentham tomó este concepto para proponer que el progreso avanzaría siempre y cuando se dejara actuar libremente a los individuos, y que luego la economía misma se encargaría de regular esa interacción. A mediados de 1839, Darwin terminó su último cuaderno de notas. En una visita a la casa paterna en junio de ese año, escribió un borrador de 35 páginas acerca de sus ideas transmutacionistas, el cual sería conocido como el *Ensayo*. Aunque es un esquema muy escueto, allí se encuentran claramente expuestos los fundamentos de la teoría. Con el manuscrito dejaría Londres, llevando consigo el armazón general de lo que en últimas llegaría a ser su obra capital: *El origen de las especies*. Habrían de pasar veinte años para que fuera sacado a la luz pública; ese intervalo lo ocuparía en recolectar pruebas y desarrollar sus conceptos rudimentarios. De vuelta a Londres, lo copió y lo amplió.

Los conceptos consignados en este primer borrador se pueden resumir así: 1) La selección artificial sirve de analogía de la selección natural. 2) La superpoblación y la competencia conducen a la selección natural, donde los ganadores son los triunfadores en la guerra de la naturaleza. 3) Todos los organismos están relacionados en un linaje cuyo símil sería las ramificaciones de un árbol. 4) Los viejos fósiles son los ancestros de los grupos modernos diversificados. 5) El mecanismo que produce lo anterior se observa en la colonización de islas, y es el aislamiento geográfico. 6) Los métodos de clasificación son, en últimas, la reconstrucción de una genealogía, donde, a partir de ancestros, se van diversificando los distintos grupos taxonómicos (especie, género, familia, etc.).

El Camino de arena: en busca de los orígenes (1842-1859)

Down House: un hogar en la campiña inglesa

En septiembre de 1842, Darwin, Emma y los dos hijos nacidos en Londres, William y Annie, dejaron definitivamente la capital. Una vez completó el trabajo con las colecciones y dejó establecida su reputación como geólogo, decidió que ya había cumplido el propósito de su estadía allí. Regresaría esporádicamente por asuntos relacionados con su trabajo y para visitar a su hermano Erasmus y a los amigos. Nunca gustó de Londres, pues decía que no era un lugar apropiado para trabajar tranquilamente, ni para educar una familia. La agitación social que se vivía por esa época, cuyos ecos se sentían en la capital, probablemente también influyó en la partida. Durante agosto hubo enfrentamientos entre las tropas inglesas y los llamados "chartistas", que protestaban por los bajos salarios y las pobres condiciones de vida. En una ocasión, los Darwin no pudieron salir de casa debido a que las calles estaban bloqueadas.

Pero la razón primordial para abandonar Londres era su deseo de alejarse del centro cultural y científico de Gran Bretaña, donde preveía que sus proposiciones científicas acerca de la evolución de las especies tendrían una mayor repercusión y, por consiguiente, donde las controversias serían más álgidas. La familia se trasladó a vivir al pequeño pueblo de Down (en vida de Darwin se cambió el nombre por Downe, para que no lo confundieran con la población irlandesa del mismo nombre) en el condado de Kent, a unos veintiséis kilómetros de Londres (dos horas en carruaje). Este rincón apartado de la campiña inglesa habría de ser su refugio hasta el fin de su vida.

La casa, conocida como *Down House* era espaciosa; según él, confortable pero muy fea. Tenía dieciocho acres y estaba a 190 metros de altura sobre el nivel del mar. Quedaba a unos 400 metros del pequeño pueblo, sobre el camino llamado Westerham. Fue ampliada y remodelada continuamente, a medida que aumentaba el número de hijos, y por necesidades de su trabajo; entre las nuevas construcciones estaban un invernadero, un anexo para criar palomas y la ampliación del estudio. Fue obsesivo de su privacidad, y muchas de las reconstrucciones se llevaron a cabo para aislar lo más posible la casa: hizo bajar el nivel de la calle que pasaba por el frente, construyó muros y sembró arbustos que impedían ver el interior desde afuera.

Tenía un horario milimétricamente calculado, el cual sólo era roto cuando había recurrencia de sus dolencias físicas, que en ocasiones reducían sus horas útiles a dos o tres por día, y a veces no le permitían dejar la cama. Darwin fue un activo y prestante miembro de la comunidad de Down, participando en las actividades de la parroquia. Fue tesorero del Club de Amigos y del Club del Carbón durante treinta años; también fue magistrado del pueblo por un tiempo (cargo similar al de juez de paz). Como lo recordaba su amigo, el párroco Brodie Innes, fue un activo contribuyente a diferentes causas, tanto financiera como políticamente, debido a las influencias que tenía.

Una vida organizada alrededor de la ciencia

Es conveniente recalcar su rutina diaria, anotada por su hijo Francis en el libro ya mencionado, la que varió muy poco a lo largo de su vida y que muestra la disciplina que Darwin adoptó para llevar a cabo su obra. Se levantaba temprano y luego de una pequeña caminata y del desayuno, trabajaba una hora y media hasta las 9:30. Dedicaba la hora siguiente a leer la correspondencia, la cual era muy abundante, y luego volvía a su trabajo hasta las doce. A esa hora, lloviera o hiciera sol, iba hasta el invernadero para controlar sus experimentos y si le quedaba tiempo antes del almuerzo, caminaba alrededor de un camino circular, conocido como "Sandwalk" o "Camino de arena", rodeado de árboles y arbustos, que arrendó a su vecino, colega y amigo John Lubbock (1834-1913). Allí disfrutaba de la compañía de sus hijos, que solían jugar y correr alrededor de él, cosa que no podían hacer cómodamente dentro de la casa cuando su padre se encerraba en el estudio. Luego del almuerzo, dedicaba una hora a leer el periódico, única lectura no científica que hacía por su cuenta, ya que las demás, como novelas, libros de viajes, biografías e incluso la correspondencia de los familiares, las hacía leer, labor que casi siempre le correspondía a Emma.

En la tarde respondía la correspondencia, trabajaba una hora y volvía al "Camino de arena", para descansar hasta la hora de comida, luego de la cual, estrictamente, jugaba dos partidas de chaquete (*backgammon*) con Emma, de cuyos resultados llevaba escrupulosamente la cuenta, como de todo lo que hacía. Después dedicaba un par de horas a la lectura de trabajos científicos y se acostaba hacia las 10:30. Según Francis, esta rutina no se quebraba más que por los viajes que hacía o por su enfermedad.

El aislamiento no fue en verdad tal. Down estaba suficientemente lejos de la ciudad, pero tan cercano como para viajar con rapidez, si así se requería. También sus amigos y conocidos lo visitaban frecuentemente, y eminentes científicos, tanto nacionales como extranjeros, fueron sus huéspedes habituales. Desde sus años en Londres había establecido una extensa red de corresponsales, junto con un círculo de amigos intelectuales y científicos que le permitían intercambios de ideas, acceso a los trabajos científicos más importantes de la época y con quienes podía poner a prueba sus ideas.

Una semana después del traslado nació su hija Mary Eleanor, quien murió el 19 de octubre. El año de 1843 se caracterizó porque Darwin y la familia se acomodaron a una rutina que no habría de dejarlos nunca. En julio murió el padre de Emma y en septiembre nació su hija Henrietta. También se terminó la publicación de los cinco volúmenes de *Zoología del Beagle*, lo cual acabó de cimentar su posición como un reputado naturalista. Siguió trabajando en el *Ensayo*, y comenzó a tantear el efecto que sus ideas podrían tener, siendo su compañero Waterhouse el primero en tener acceso a ellas. La recepción fue fría, e incluso Darwin se sintió molesto con él, por lo que le pidió que le devolviera la carta donde había consignado algunas especulaciones sobre transmutación y clasificación de animales (el campo de experiencia de Waterhouse).

1844: *su amistad con Joseph Dalton Hooker y el punto de no retorno*

Al principio de 1844, Darwin comenzó su amistad con Joseph Dalton Hooker, quien había emprendido su carrera de naturalista estimulado por los relatos de viaje de Humboldt y de Darwin. Se habían conocido en Londres en 1839 y luego del retorno de Hooker de su viaje a la Antártida, en diciembre de 1843, comenzaron una correspondencia que sólo cesó hasta la muerte de Darwin. En la primera carta que éste le envió, lo felicitaba por su labor en la expedición y le pedía que se hiciera cargo de los especímenes botánicos del *Beagle*, solicitud que Hooker aceptó agradecido; poco después le dio a conocer algunas de sus ideas extraídas del *Ensayo*. Años más tarde, Hooker emprendió un viaje como agregado científico a la India, donde estudió la flora del Himalaya. Fue su principal interlocutor durante los años de gestación de la teoría, que inicialmente rechazó. Su colaboración, en particular con respecto a la distribución geográfica de plantas, fue indispensable para allegar pruebas de la forma como las variedades pueden originar nuevas especies distribuidas en zonas vecinas. Las discusiones con Darwin le permitieron a éste precisar y hacer más accesibles los conceptos que estaba elaborando, y a Hooker le dieron la oportunidad de comprender las ideas de su amigo. La amistad creció con el paso de los años, y en la *Autobiografía*, Darwin se refirió a él diciendo: "Yo no he conocido un hombre más amable que Hooker...".

Se puede decir que 1844 marca el punto de no retorno. Durante la primavera reescribió el *Ensayo* (completó 189 páginas). El 5 de julio escribió una carta a Emma solicitándole que si moría, lo hiciera publicar, estipulando que dejaba 400 libras para los gastos de edición, y que las notas y recortes que había utilizado quedaban disponibles para la corrección; nombraba a Lyell como editor. Esta carta refleja una preocupación constante de Darwin sobre su salud. Los continuos episodios de su misteriosa enfermedad, que le impedían en ocasiones trabajar más de dos horas al día, le hacían pensar en la muerte, y no quería que su trabajo quedara inédito. Escogió a Lyell porque, a pesar de su rechazo a la transmutación, lo conocía suficientemente bien para saber que no dudaría en llevarlo a la imprenta, ya que una de las cualidades de Lyell fue impulsar a los científicos jóvenes a publicar sus ideas, así estuvieran en contravía con sus creencias. Ese verano Darwin mandó editar el manuscrito, y en septiembre, luego de otra pequeña revisión, tenía 231 páginas, entonces se lo dio a leer a Emma. ¿Por qué a Emma y no a Hooker o incluso a Lyell? Él sabía que las convicciones religiosas de ella le impedirían aceptar lo consignado allí, pero su intención era calibrar el efecto que los postulados poco ortodoxos producirían en una persona religiosa y creyente en la infalibilidad de la Biblia. La reacción de Emma fue bastante mesurada, aunque nunca aceptaría los postulados transmutacionistas de su esposo; sus temores de que peligraba la salvación de Charles nunca la abandonaron. Esto le hizo creer a Darwin que aunque sus ideas eran bastante heterodoxas, no necesariamente serían rechazadas por quienes eran creyentes en la doctrina cristiana.

En el *Ensayo*, las ideas son en esencia las mismas del primer borrador, sólo que allí se ampliaron y precisaron. Analizó con cierto detalle la lucha por la existencia que produce una selección de los mejor adaptados al ambiente, y cómo esto se refleja en la supervivencia y eficacia en la reproducción. Al mismo tiempo, incluyó y analizó con cierto detalle los argumentos que, pensó, se iban a utilizar contra la teoría. Para él era esencial estar preparado y adelantarse a refutarlos con pruebas, y uno de sus propósitos durante los siguientes años sería el de allegar la mayor cantidad de ejemplos que apoyaran sus postulados. Es evidente que todavía no estaba preparado para publicarlo; muchas razones se han dado para explicar este retardo. La primera era que aunque las ideas principales ya estaban consolidadas, consideraba que tenía que pulirlas; en segundo lugar, quería recolectar datos para apoyar sus argumentos; tercero, presagiaba una controversia que vendría de muchos sectores de la sociedad, y todavía no se sentía lo suficientemente preparado para hacerle frente.

Esto se lo confirmó la publicación en octubre de 1844 del libro *Vestigios de la historia natural de la Creación*, de autor anónimo (posteriormente se supo que el autor fue Robert

Chamblers), en el cual se defendían los cambios evolutivos progresivos. Este texto puso en la palestra pública la idea de la transmutación de las especies, y desató una agria disputa entre los científicos e intelectuales, lo cual puso en alerta a Darwin sobre las consecuencias desagradables si él se atrevía a hacer pública su teoría. Leyó *Vestigios* con detenimiento, anotando, en una carta a Fox de febrero de 1845: "¿Ha leído ese libro extraño y poco filosófico, pero bien escrito, los *Vestigios*? Éste ha producido más especulaciones que cualquier otro libro reciente, y ha sido atribuido por algunos a mí, ante lo cual me debo sentir halagado y al mismo tiempo no". El libro no gustó a los naturalistas porque consideraban las explicaciones técnicamente pobres (también Darwin), aunque no rechazaban del todo los conceptos transmutacionistas. Entre los intelectuales conservadores y el estamento religioso, fue tildada de obra materialista, cuyo único propósito era subvertir el orden moral e institucional de Inglaterra. Estas posiciones ante el asunto convencieron a Darwin de que era necesario recopilar una mayor cantidad de pruebas antes de lanzarse a la publicación.

El círculo de amigos

En 1845 nació su quinto hijo, George, y revisó la segunda edición del *Diario del Beagle*, dedicándola a Lyell. John Murray se encargó de publicarla, pagándole regalías por primera vez. Esta segunda edición se vendió más que la primera, probablemente porque se publicó junto con el diario de Fitz-Roy acerca del viaje, y un recuento del primer viaje escrito por el capitán King, miembro de la tripulación de esa travesía, los cuales no fueron muy bien recibidos por la crítica. Darwin agregó algunos comentarios y modificó levemente algunos pasajes, afirmando que sus observaciones durante el viaje lo ayudaron a cambiar sus creencias acerca de cómo se originaban las especies. Los historiadores que han revisado con atención las dos ediciones interpretan esto como una reflexión de Darwin *a posteriori*, cuando ya su teoría estaba bastante desarrollada, o por lo menos bastante adelantada en los cuadernos de notas y en el *Ensayo*.

A finales de año lo visitaron Hooker, Waterhouse, Edward Forbes (1815-1854) y Hugh Falconer (1808-1865), el paleontólogo británico inglés más connotado de su tiempo. Desde tiempo atrás, Darwin venía planificando la constitución de un grupo élite de naturalistas jóvenes, y su amistad y relaciones sociales lo habían acercado a varios que, como él, tenían una concepción más moderna de las ciencias naturales, principalmente en cuanto al método experimental que debía emplearse. Reconocía, por un lado, que debía tener con quien discutir acerca de sus polémicas ideas, y estaba convencido de que debían ser jóvenes de mente abierta y dispuestos a cuestionar las nuevas hipótesis y métodos. Por otro lado, su intención iba más allá de esto: deseaba rodearse de intelectuales prestantes, pertenecientes a su misma clase social, para que con el tiempo se convirtieran en los voceros de la evolución y fueran sus defensores. Esta visita a Down House, que se extendió por un fin de semana, fue el primer paso concreto en esa dirección, formando el núcleo inicial de lo que más tarde se conocería como darwinismo, grupo que durante gran parte de la segunda mitad del siglo XIX estaría a la vanguardia de la Biología inglesa y europea.

Los percebes: una investigación en busca de prestigio

En 1846 Darwin le dio un rumbo diferente a su trabajo, tomando un respiro de la evolución. Quizo estudiar a los percebes, un grupo de invertebrados poco conocido, cuyo nombre científico es *Cirripedia*. ¿Por qué se embarcó en un proyecto aparentemente poco importante, abandonando su trabajo sobre especies? Según las afirmaciones consignadas en la *Autobiografía*, la razón inicial fue la necesidad de estudiar una forma curiosa de percebe que había descubierto en la costa de Chile, y que era tan distinta de otros miembros del grupo, que no sabía cómo clasificarla. Esto lo condujo a revisar la literatura científica acerca de los *Cirripedia*, notando que había muy poca. Esta falta de información lo estimuló a saber más, y empezó a disecar diversas especies de percebes, estudio que, como una bola de nieve, se fue haciendo cada vez más abrumador.

En carta de Huxley a Francis con respecto a una pregunta que éste le hacía acerca del trabajo en estos invertebrados, Huxley le contesta que Darwin era un competente geógrafo, geólogo y paleontólogo después del viaje, y que la especulación sobre esos temas no presentaba ningún problema para él. Sin embargo, "lo que necesitaba después de su retorno a Inglaterra, era una familiaridad correspondiente con la anatomía y el desarrollo, y su relación con la taxonomía, y esto lo logró con su trabajo en *Cirripedia*".

Se hizo enviar de muchos amigos y corresponsales especímenes de distintas variedades, e incluso llegaron a sus manos colecciones bastantes completas, algunas desde América. Su casa y estudio se convirtieron en un laboratorio, lo cual llegó a molestar bastante a Emma y a la familia.

Darwin también tenía el deseo, de tiempo atrás, de describir un grupo taxonómico poco conocido, porque pese a sus logros, consideraba que todavía debía demostrar su competencia en un área específica de estudio distinta de la Geología. Hooker le insistía en que si iba a postular una teoría sobre las especies, necesitaba tener experiencia de primera mano en la descripción de algún grupo específico. De ello resultó que dedicara gran parte del tiempo en los años siguientes a describir la anatomía, la embriología, la taxonomía y la evolución de los *Cirripedia*. En últimas, anhelaba que sus colegas lo consideraran un naturalista en toda la regla, y no solamente un geólogo. Para él, esto era muy importante porque deseaba evitar que fuera tachado de incompetente, como le había sucedido al autor de *Vestigios*, y que eso se usara para atacar sus postulados. Para Huxley, esta decisión fue sabia, porque consideraba que Darwin, con su gran capacidad especulativa, podía haberse desviado de su camino.

Durante ocho años se dedicó a precisar y a ampliar el conocimiento sobre la embriología, la anatomía, la distribución geográfica, la clasificación y los fósiles del grupo. El resultado final fueron cuatro volúmenes publicados entre 1851 y 1854; dos de ellos sobre la biología del grupo, y dos más pequeños sobre los fósiles. Dentro de las ciencias naturales se consideró este trabajo como fundamental para el estudio de los *Cirripedia*, y para Darwin significó el ser confirmado como naturalista. Investigaciones recientes demuestran que la información obtenida era parte de su plan para corroborar los postulados evolutivos y para aportar más datos de soporte a sus ideas. En su *Autobiografía*, afirma: "Mi trabajo me fue muy útil cuando tuve que explicar los principios de una clasificación natural en *El origen de las especies*".

1847-1853: desgracias familiares y época de transición

En 1847 nació su hija Elizabeth. Hooker recibió una copia del *Ensayo* y antes de partir para la India, lo devolvió con abundantes anotaciones al margen. Aunque Hooker no aceptó completamente las ideas de su amigo, poco a poco comenzó a ver la importancia de la hipótesis de la selección natural, y decidió comprobar si las ideas darwinianas acerca de la variación de especies podían aplicarse a la flora del Himalaya. En 1848 nació el séptimo hijo de Darwin, Francis. Su padre murió en octubre tras una larga enfermedad, y Darwin no pudo asistir al sepelio debido a la agudización de su enfermedad, que durante todo ese año y gran parte del siguiente lo tuvo incapacitado. Este episodio lo hizo acudir al doctor Gully, famoso en su tiempo por sus tratamientos con baños de agua helada. El sanatorio quedaba en Malvern, y allí permaneció unos tres meses; el régimen de baños con agua helada, caminatas y dieta, parece haber surtido un efecto beneficioso sobre su salud y ánimo, tanto que a su vuelta a Down, mandó instalar una ducha en el patio para hacerse baños todos los días y continuar el régimen.

En 1850 nació su hijo Leonard y continuó trabajando sobre los percebes. A mitad de año enfermó su hija más querida, Annie, enfermedad que tampoco ha sido explicada. Luego de mejorías temporales y múltiples recaídas, su estado desmejoró a principios del siguiente año, y Darwin decidió llevarla a Malvern para que fuera tratada por el doctor Gully. Aunque hubo una leve mejoría, su salud empeoró rápidamente y murió el 23 de abril. Fue un golpe devastador para Emma, y sobre todo para él, ya que era la hija que más se le había apegado. En mayo nació su hijo Horace.

En 1853 se reunió por primera vez con Thomas Henry Huxley (1825-1895) en la sociedad geológica, quien con el tiempo se convirtió en su defensor más conspicuo y en un propagandista de las ideas evolucionistas. Antes, Huxley le había enviado unos artículos y se habían escrito algunas cartas. Desde el primer momento Darwin quedó sorprendido por la inteligencia de Huxley, su impetuosidad y el entusiasmo que mostraba por la ciencia. Ya desde esa época mostraba que era un luchador contra el establecimiento intelectual de Inglaterra. Consideraba que la vieja guardia de los geólogos y naturalistas debía ser reemplazada por los jóvenes que habían tenido una educación más técnica y que basaban el conocimiento en la investigación.

Charles Darwin

El tratado que nunca terminó

La Sociedad Real de Geología le otorgó en 1853 su medalla, la única distinción oficial que recibió en vida. Una vez terminó su trabajo con los percebes, en 1854, comenzó a escribir un libro sobre la evolución de las especies, que en la bibliografía darwiniana se conoce hoy como *Selección natural*, pero nunca fue terminado ni publicado. Un extracto de éste se convertiría en *El origen de las especies*. Sus más cercanos amigos supieron que trabajaba en el manuscrito, y algunos de ellos pudieron leer algunos apartes. Llevó a cabo una febril actividad recabando datos para el libro, los cuales le llegaron de muchos naturalistas, geólogos y de los criadores de plantas y animales domésticos, quienes estaban muy interesados en que alguien famoso como Darwin fuera a distinguirlos en sus escritos. Además, comenzó a criar palomas y a seleccionar variedades, experimentos que utilizó posteriormente como una analogía de la selección natural.

Durante 1855, siguió trabajando en *Selección* y se entusiasmó con la cría de palomas, afición que lo llevó a crear nuevas variedades; esta afición fue de gran ayuda para aprender los métodos y técnicas utilizados por los criadores. La experiencia adquirida le permitió comprender de primera mano los efectos y procesos de la selección artificial, la cual utilizó en un capítulo de la obra. La casa de Down tuvo que ser ampliada para construir un palomar. También se propuso probar que la distribución geográfica de especies puede ocurrir por dispersión a través de corrientes marinas, o incluso por el aire.

Charles Darwin

Charles Darwin
Cir - 1854.

Darwin, fotografiado hacia 1854, cuando empezaba a trabajar en la gran obra de su vida.

Iconografía

El impacto de su teoría de la selección natural hizo que Darwin fuera permanentemente caricaturizado en periódicos y revistas. Aquí lo vemos en la silla que utilizaba en su gabinete de trabajo y desde la cual se impulsaba como un niño por todo el cuarto (1871).

Charles Darwin

Esta fotografía, tomada en 1875, siete años antes de la muerte de Darwin, puede considerarse uno de sus últimos retratos.

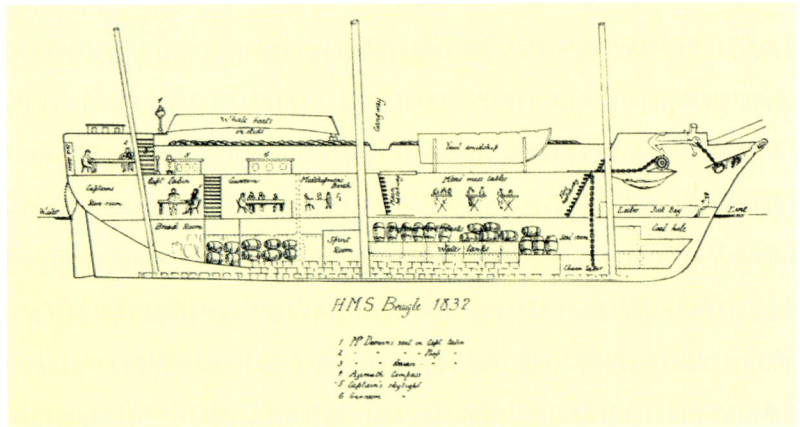

Sección longitudinal del Beagle, *donde se aprecia la distribución del espacio sin la menor concesión a la comodidad. La distribución era como sigue: 1. Asiento de Mr. Darwin en el camarote del Capitán; 2. Asiento de Mr. Darwin en el camarote de popa;... 4. Acimut, compás; 5. Tragaluz del camarote del capitán.*
En la imagen superior, libros de notas que acompañaron a Charles Darwin en el viaje.

Estatua en mármol de Darwin por J. E. Boehm en el Museo de Historia Natural de Londres. La pieza fue descubierta en 1885.

Iconografía

Caricatura del siglo XIX, en la que se parodia la teoría de la selección natural.

Charles Darwin

Retrato anónimo de Darwin hecho a partir de una fotografía de 1880.

Este retrato fue impreso por el Illustrated London News *para resaltar la publicación del segundo trabajo de Darwin llamado* Comunidad de descendencia, *en el cual se propone que la vida es una sola y que todas las especies descienden de ancestros que comparten con otros grupos. A pesar de los temores que suscitó este trabajo, la crítica del* Illustrated London News *fue positiva y consideró que el rechazo a las teorías darwinianas era ilógico.*

Sus observaciones en el *Beagle* le habían proporcionado indicios de que semillas que se encontraban flotando en mar abierto estaban todavía vivas y era posible que germinaran si alcanzaban tierra firme. Inició una serie de experimentos para tratar de probar esta hipótesis. Colocó semillas de distinto tipo en agua salada durante varias semanas, y luego las sembró hasta que obtuvo la germinación de muchas de ellas. Formuló la hipótesis de que una de las formas de distribución de nuevas plantas en lugares aparentemente aislados de las masas continentales podía ser a través de la migración por el mar. Estas actividades, que realizó de acuerdo con una estricta rutina, permitieron conocer la otra cara de la moneda acerca de la metodología que él utilizaba. Cabe anotar que Darwin no solamente era un gran observador y recolector, sino también un experimentador cuidadoso, estricto en el planteamiento de sus proyectos y minucioso en la anotación de los resultados.

El círculo darwiniano

Esta época es vital en la cimentación del círculo íntimo de amigos de Darwin, que se tornarían en los seguidores y defensores de las ideas darwinianas, y a la cabeza de los cuales se colocarían Huxley y Hooker. Darwin realizaba reuniones y mantenía correspondencia abundante con ellos, interrogándolos acerca de múltiples aspectos en ciencias naturales, Geología, Filosofía, etc., y trataba de percibir la actitud que asumían respecto a sus propuestas. Al mismo tiempo los fue convenciendo sobre la evolución, siendo Huxley uno de los más reacios a aceptarla, porque la consideraba una idea de progreso de la naturaleza derivada de las ideas francesas lamarckianas, con las que no comulgaba.

Para 1856, Huxley era profesor en varias instituciones universitarias, entre ellas la Escuela de Minas y la Universidad de Londres; ambas, bastiones contra las universidades elitistas de Cambridge y Oxford, creadas para darles a estudiantes con pocos recursos económicos la oportunidad de estudiar carreras técnicas y científicas. Desde sus cátedras, Huxley se convirtió en el propagandista más connotado de la educación pública y un incansable promotor de la enseñanza a las masas populares. Creó conciencia de la necesidad de hacer accesibles los conocimientos para todos aquellos que no habían podido adquirir una educación formal completa, y organizó reuniones dominicales, donde se daban conferencias sobre distintos aspectos científicos y culturales, creando los "sermones laicos", que por supuesto levantaron roncha en el establecimiento religioso. ¿Por qué esto fue importante? Huxley hizo de su poder de convocatoria popular una tribuna desde la cual las ideas darwinianas fueron expuestas a la opinión pública, y en un comienzo fue desde allí donde la evolución fue tomando arraigo en la conciencia de la sociedad.

En abril de 1856 hubo una nueva reunión de especialistas con Darwin en Down, convocada por él mismo. Su objetivo era tomar el pulso a cada uno de sus invitados acerca de sus propuestas de evolución. A ella asistieron el infaltable Hooker, Huxley, T. Wallaston (entomólogo) y John Lubbock. Realizó entrevistas privadas con cada uno de ellos, sondeándolos sobre sus razonamientos y los problemas que encontraban en sus explicaciones; aunque es probable que todavía no estuvieran convencidos, parece ser que el único que la rechazó definitivamente fue Wallaston. Mucho de lo discutido allí fue empleado por Darwin en la redacción del manuscrito.

Esta reunión llamó la atención de Lyell, porque la vio como una "conspiración" de evolucionistas empeñados en refutar la estabilidad de las especies, que para él era un tema casi tabú. A Lyell lo han tildado de antievolucionista porque nunca aceptó totalmente la idea del cambio en los organismos vivos, aunque su obra geológica y su conocimiento muy amplio en fósiles le mostraban lo contrario. Esto, entre otras razones, no lo dejó ser parte del grupo que se fraguaba en torno a Darwin; además, pertenecía a una generación anterior. Su posición en referencia a la teoría evolutiva siempre fue muy ambigua; no la aceptaba por sus creencias religiosas, pero no podía refutarla porque sabía que las pruebas aducidas para probarla y la explicación de Darwin eran científicamente válidas. También era consciente de que si las ciencias naturales seguían dependiendo de las explicaciones creacionistas, no se produciría un avance significativo en ellas, y sabía que el grupo formado alrededor de Darwin era capaz de hacerlo. Por otro lado, fue él quien se dio cuenta del peligro que representaba para Darwin el no publicar su teoría de la selección natural. En 1856, luego de leer el artículo de Alfred Russel Wallace (1823-1913) "Sobre la ley que ha regulado la introducción de nuevas especies", cuyo subtítulo era "Distribución geográfica dependiente de cambios geológicos", comprendió que algunos de los argumentos allí expuestos eran similares a los que Darwin le había hecho conocer. En varias ocasiones le insistió a Darwin para que terminara cuanto antes el manuscrito, porque estaba preocupado de que alguien se le adelantara con la idea. Temía que Darwin fuera a perder la prioridad en el descubrimiento del nuevo mecanismo.

Darwin continuó con la redacción sin afanarse; sin embargo, sus amigos también comenzaban a urgirlo para que apurara el paso, y para mayo hubo algunos que le propusieron reducir el tamaño del libro y publicarlo en forma de ensayo corto, pero él decidió continuar con el plan original. Para esta época ya había avanzado bastante en el capítulo de domesticación y en el de distribución geográfica. En noviembre nació su último hijo, Charles Waring, quien tenía retraso mental. El trabajo sobre el manuscrito continuó durante 1857; acabó el capítulo sobre distribución geográfica de las plantas, comenzó el de la lucha por la existencia y avanzó en el de selección natural. Recibió unos especímenes de Wallace (pavos de Borneo) y algunas anotaciones de éste acerca de su trabajo sobre especies. Darwin no parece que se hubiera percatado del valor real del trabajo de Wallace, cosa que tendría que lamentar un año después.

Sus temores se hacen realidad

En marzo de 1857 escribió una carta al botánico Asa Gray (1810-1888), profesor de Harvard, comentándole acerca de su propuesta de cambio evolutivo y adaptación; Gray se interesó y quiso saber si ya tenía una ley natural de variación. Darwin le envió un resumen completo en septiembre, solicitándole que no la comentara con nadie, hasta que él lo publicara. También le escribió a Wallace acerca del avance del manuscrito, y recibió comentarios y observaciones. Para principios de 1858 había escrito diez capítulos y consideraba que iba bastante adelantado; más tarde calculó que llevaba dos tercios de la obra. Huxley, el antievolucionista recalcitrante, comprendió que las tesis de Darwin serían la punta de lanza para destronar a la ciencia basada en los conceptos de la Teología natural.

Asa Gray (1810-1888), uno de los botánicos más influyentes del siglo XIX, fue colaborador de Darwin al proporcionarle numerosos datos sobre la distribución geográfica de plantas en todo el mundo. Fue el principal defensor en Estados Unidos de Norteamérica de las teorías darwinianas, e intentó conciliar la Teología con las ciencias naturales, sobre todo para atraer a los teólogos liberales a la causa darwiniana. Sin embargo, Louis Agassiz (1807-1873), también profesor de Harvard, cuya influencia en los círculos intelectuales de Estados Unidos era mucho mayor que la de Gray, lo opacó, lo cual fue contraproducente para la teoría de la evolución, ya que era un antidarwiniano intolerante y poco conocedor de la teoría. Tal vez su influencia demoró la aceptación de la teoría en Norteamérica.

Sin embargo, a mitad de ese año el mundo de Darwin estuvo a punto de desmoronarse. El 18 de junio recibió una carta de Wallace desde Borneo, fechada en febrero, junto con un artículo donde describía una teoría parecida a la suya, afirmando que las especies cambiaban en su incesante lucha por los recursos naturales. Le solicitaba enviar el artículo a Lyell si lo consideraba apropiado para ser publicado. Darwin, bastante afectado, escribió a Lyell inmediatamente: "[Wallace] me ha enviado lo que aquí le remito [el artículo de Wallace], y me ha pedido que se lo haga llegar. Me parece que su lectura será muy valiosa. Sus palabras [de Lyell] se han vuelto contra mí con venganza, 'de que yo habría de ser anticipado' " (F. Darwin, *The Life and Letters of Charles Darwin*). Hooker y Lyell decidieron que el artículo de Wallace debía ser presentado ante la Sociedad Linneana, pero también que Darwin no podía quedar por fuera, ya que ellos dos conocían desde mucho tiempo atrás el trabajo sobre especies. Por eso propusieron hacer una presentación conjunta y para ello pidieron la autorización de Darwin. Éste, en duelo por la muerte de su hijo Charles, dejó en manos de ellos la decisión de la presentación.

La carta de presentación de Lyell y Hooker a la Sociedad Linneana nos aclara la situación:

> Tan en alta estima tenía el Sr. Darwin del valor de las ideas allí expresadas [artículo de Wallace], que él mismo propuso obtener el consentimiento del Sr. Wallace para publicar su *Ensayo* [de Darwin] en una fecha posterior. Nosotros [Lyell y Hooker] aprobamos esta decisión, siempre y cuando el Sr. Darwin no se retrajera en la presentación de una memoria que él había escrito sobre el mismo tema y que uno de nosotros [Hooker] ya había leído en 1844 y de cuyo contenido estábamos al corriente. [...] Él nos dio el permiso para utilizar como más estimáramos conveniente su memoria, y al adoptar nuestra presente decisión [la presentación conjunta] [...] le hemos explicado [a Darwin] que no solamente estamos considerando

el asunto de prioridad entre él y su amigo [Wallace], sino el interés de la ciencia en general. (F. Darwin, *The Life and Letters*...).

El 1 de julio de 1858 se presentaron ante la Sociedad Linneana de Londres el artículo de Wallace "En la tendencia de las variedades para separarse continuamente del tipo original", una copia de la carta de Darwin a Asa Gray del 5 de septiembre de 1857 y un extracto del *Ensayo*. En las actas de la reunión quedó registrado el acontecimiento, pero sin que hubiera ninguna respuesta positiva o negativa. En una revisión de las actividades de la Sociedad al final de ese año, se anotó que no había sucedido nada de importancia en ciencias naturales digno de resaltarse.

Alfred Russel Wallace: el evolucionista olvidado

Alfred Russel Wallace nació en la pequeña localidad inglesa de Usk, en la frontera con Gales. A diferencia de Darwin, era de la clase media empobrecida y tuvo que trabajar arduamente toda su vida para mantenerse. Dejó muy pronto el colegio debido a las dificultades económicas de la familia y comenzó a trabajar con su hermano mayor como agrimensor, oficio que lo acercó a la naturaleza y lo hizo entusiasmarse con la recolección de plantas y animales. Durante un tiempo fue maestro en el colegio local de Leicester, donde conoció a Henry Walter Bates, de quien se hizo amigo debido al entusiasmo compartido por las expediciones para recolectar. La lectura de libros de viajes de naturalistas, principalmente el *Diario del Beagle*, los entusiasmó y prepararon un viaje de exploración a Suramérica, adonde llegaron en 1848. Su propósito era recorrer el río Amazonas y sus principales afluentes. Bates exploró la cuenca del río, mientras que Wallace lo hizo por el río Negro, el principal afluente del Amazonas. Wallace estuvo cuatro años en Suramérica, realizó numerosos descubrimientos, sobre todo nuevas especies de insectos, y recolectó una gran cantidad de especímenes, los cuales pretendía llevar a Inglaterra para vender a coleccionistas y a museos.

Pero al volver a casa, el barco se incendió, y él perdió toda su colección y la mayoría de sus notas. Sin embargo, antes de partir, Wallace había asegurado el cargamento, y el dinero recibido le permitió preparar un segundo viaje al archipiélago malayo, donde estuvo de 1854 a 1862, y desde donde inició la correspondencia con Darwin, la cual sólo cesaría hasta la muerte de éste. La biogeografía le debe numerosos descubrimientos, entre ellos la famosa *Línea de Wallace*, la cual atraviesa el archipiélago malayo, separando las faunas provenientes de Asia y de Australia. Se interesó por la causa socialista y feminista, pero también por los fenómenos paranormales y el espiritismo, lo cual perjudicó su carrera científica, porque perdió algunas oportunidades de trabajo. Publicó varios libros de viajes, donde relata sus experiencias en el Amazonas y en el archipiélago malayo: *Viajes en el Amazonas y río Negro* y *El archipiélago malayo*. También publicó textos políticos.

El trabajo sobre la evolución por selección natural tuvo sus raíces en el estudio de la biogeografía. Leyó a muchos de los autores que le interesaron también a Darwin, principalmente a Robert Malthus, de quien tomó el concepto de la lucha por la existencia. Wallace no consideró el problema de la selección artificial, pues para él la selección dependía del ambiente, es decir, la naturaleza es la que selecciona. Ya desde 1855 trabajaba sobre la evolución, y el artículo que causó impacto en Lyell, pero muy poco en los demás naturalistas, incluido Darwin, "Sobre la ley que ha regulado la introducción de nuevas especies", mostraba que llevaba bien adelantada su teoría. En el artículo afirmaba que toda especie se ha originado de otra, habiendo coexistido ambas en un momento de su historia, hasta cuando una reemplaza a la otra; este postulado se conoce como *ley de Sarawak*.

Defendió la teoría de la selección natural, e incluso llegó a afirmar que él era más darwinista que el mismo Darwin, porque solamente aceptaba ese mecanismo de evolución, mientras que Darwin propuso otros como la selección sexual, el uso y el desuso, etc. Negó que el hombre hubiera evolucionado de la misma manera que los demás seres vivos, lo cual lo alejó de Darwin al final de su vida. Sus libros más importantes fueron: *Contribuciones a la teoría de la selección natural* (1870), *Distribución geográfica de animales* (1876), *Vida insular* (o en las islas) (1882) y, por último, *Darwinismo* (1889). Este texto es una revisión completa de la teoría, y al menos durante un tiempo sirvió de referencia para los estudiosos.

En la historia de las ciencias, el episodio Darwin-Wallace resalta sobre muchos otros, ya que una teoría, que se convirtió en el paradigma de la Biología en el siglo XX, fue formulada por dos científicos que llegaron independientemente a las mismas conclusiones. La historia olvidó a Wallace, y el nombre de Darwin fue el único asociado con la teoría evolutiva; tanto así que el mismo Wallace terminó por aceptar que *El origen de las especies* era la obra que de manera certera describía el mecanismo que él descubrió junto con su amigo. Por fortuna, la investigación histórica habrá de rescatar el aporte de Wallace, quien en últimas será, junto con Hooker y los alemanes, el único que comprenderá en toda su dimensión la tesis que él mismo ayudó a forjar. Con el tiempo, los dos acabarían separándose en cuanto a sus concepciones teóricas, ya que Wallace negaría la evolución humana, dejando la aparición de la inteligencia en manos del espíritu.

Los avatares de una revolución incipiente (1859-1882)

Publicación de El origen de las especies

El choque producido por la llegada de la carta de Wallace convenció a Darwin de la necesidad de publicar lo más rápidamente posible. Tomó el manuscrito de *Selección natural*, del cual extrajo los capítulos escritos y completó los que faltaban, reduciendo el texto de manera significativa. Hooker revisó algunos capítulos y se alegró, pues lo que había sido expurgado no alteraba la calidad del texto. Gran parte del tiempo estuvo de nuevo enfermo, por lo que redujo el tiempo de trabajo útil, pero ya para abril de 1859 había finalizado la revisión. La familia hizo todo lo posible para ayudarlo, incluso compraron una mesa de billar, para lo cual vendieron algunos objetos que habían sido herencia de los Wedgewood; Darwin pasó sus ratos de ocio jugando, según decía, para despejar la cabeza.

Lyell convenció al editor Murray para que se hiciera cargo de la publicación, aun sin que éste conociera el contenido, cosa que no solía hacer. Pero como ya había tenido éxito con los otros libros de Darwin, no dudó en hacerlo. Lo tituló inicialmente *Resumen de un ensayo sobre el origen de las especies y variedades a través de la selección natural*, pero Murray no estaba de acuerdo con las palabras *resumen* y *ensayo*, las cuales había escogido Darwin porque consideraba que su obra tendría que ser ampliada y completada; luego de algunas discusiones, el título definitivo fue *Sobre el origen de las especies por medio de la selección natural o la preservación de las razas favorecidas en la lucha por la existencia*, más conocido como *El origen de las especies*.

El 1 de octubre finalizó las pruebas y envió el manuscrito; al día siguiente dejó Down House y se dirigió al balneario de Ilkley, para un nuevo tratamiento, aunque es muy probable que lo hiciera más para escapar a la tormenta que sabía que su libro causaría. Esta reclusión duró dos meses, y desde allí estuvo pendiente de la impresión del libro. El primer ejemplar le fue entregado el 2 de noviembre y dos semanas antes de la puesta en venta, escribió notas personales para las copias complementarias que serían entregadas a diversas personalidades. Entre los que recibieron el libro con una nota de Darwin estaban Alfred Wallace, Asa Gray, Louis Agassiz, Henslow, Owen, Falconer y sus amigos íntimos, Hooker y Huxley.

Darwin reescribió varias veces *El origen de las especies* publicando seis ediciones hasta su muerte. La segunda edición salió el 7 de enero del año siguiente y la última en 1872.

El origen de las especies salió a la venta el 24 de noviembre de 1859, y las 1.250 copias se agotaron en pocos días. En mayo de 1860 se publicó el libro en Estados Unidos. Entre la primera y la última edición hay una gran cantidad de modificaciones, muchas de ellas por el afán de Darwin de refutar las objeciones que se le hacían. En las últimas ediciones agregó algunas consideraciones que se pueden llamar lamarckianas,

Luis Enrique Caro Henao

haciendo alguna precisión sobre la posibilidad de que otros mecanismos aparte de la selección pudieran actuar. Esto fue lo que Wallace consideró como un desvío de la teoría original, que él nunca compartió.

¿Cuál fue la recepción del libro? La primera reseña fue negativa: el crítico del *Atheneum* rechazaba la teoría por las implicaciones teológicas y terminaba afirmando que entregaba al autor a "la piedad de la Facultad de Teología, la Universidad, el Salón de Lectura y al Museo...". Otros artículos tampoco le daban buenas notas. Pero, por supuesto, sus amigos estaban felices, porque el miembro más importante del grupo por fin había sacado a la luz el texto que todo el mundo estaba esperando. Incluso aquellos que no compartían los conceptos de Darwin, lo ponderaron. El profesor Henslow consideró que la presentación de los datos era extraordinaria, lo mismo que el análisis de éstos, pero nunca aceptó las generalizaciones, ni por supuesto la selección natural.

El 26 de diciembre, Huxley escribió un artículo para el periódico *The Times*, exaltando el libro, el cual amplió para la revista *Macmillan's Magazine*; cinco días después apareció la reseña de Hooker en *The Gardiner's Chronicle*. Entre los más entusiasmados estaban los radicales, y a la cabeza de todos, Robert Grant. En una de las cartas que Huxley le envió con motivo de *El origen,* apuntó lo siguiente: "Espero que usted no se dejará disgustar o molestar por el abuso y tergiversaciones desconsiderados que lo esperan, si no estoy muy equivocado. [...] Y en cuanto a los gozques que ladrarán y gañirán, deberá recordar que algunos de sus amigos, de todas maneras, están revestidos de suficiente combatividad, la cual le será de utilidad. [...] Yo estoy afilando mis garras y pico en preparación". No puede quedar duda, el plan de Darwin había dado resultado: logró formar un grupo de aliados que estaban listos a dar la pelea.

Sedgwick le escribió el 24 de diciembre haciendo una crítica despiadada de *El origen*, sobre todo en lo relacionado con el papel de Dios en su sistema. Afirmaba que aunque no todo lo consignado era falso, él no tenía más remedio que rechazarlo en su totalidad. Luego publica para *The Spectator* un artículo donde lo menos que le dice es que es un mentiroso: "Pero no puedo concluir sin antes expresar mi aborrecimiento de la teoría, por su materialismo extremo. [...] La considero falsa, porque se opone al curso obvio de la naturaleza, y es lo contrario de la verdad inductiva". Owen agradeció el envío del libro, e hizo algunos comentarios moderados, incluso afirmó que él creía en el nacimiento ordenado de especies. ¿Por qué se convertiría luego en su más enconado enemigo? Tal vez porque inicialmente creyó que Darwin aceptaba la intervención directa de Dios sobre el proceso de selección. Es también probable que Huxley contribuyera a esto porque desde un comienzo enfiló sus ácidos comentarios contra Owen, a quien consideraba una de las figuras prominentes del bando conservador. Lo cierto es que de su respuesta amable inicial, pasó a convertirse en un enemigo personal de Darwin. Poco tiempo después Owen publicó una reseña muy negativa en el *Edinburgh Review* de abril del año siguiente, pasando a convertirse en la cabeza visible del movimiento antidarwinista.

Este episodio fue muy molesto para Darwin, ya que consideraba a Owen como su amigo.

La polémica entre el obispo Wilberforce, Huxley y Hooker

La Iglesia anglicana, a través del obispo Samuel Wilberforce (1805-1873), rechazó el libro. El debate más famoso, aunque quizás presentado en forma exagerada por los darwinistas, fue en la reunión de la Asociación Británica en Oxford, en junio de 1860. Allí, luego de una conferencia del profesor John Draper, de Nueva York, sobre "El desarrollo intelectual de Europa considerado en referencia a las ideas del Sr. Darwin", el obispo Wilberforce se levantó para atacar a Darwin y a su libro, con argumentos que parecían haber sido redactados por Owen. Los recuentos de la disputa difieren entre Hooker y Huxley. Wilberforce parece que hizo un chiste de mal gusto, preguntando a Huxley si él se creía descendiente de un simio por parte de cuál rama de la familia (o algo similar). Huxley se exaltó y contestó en el mismo tono, diciendo que prefería descender de un mono que de un prestante intelectual que se servía de argucias para rebatir temas científicos.

Sin embargo, parece que Hooker tomó la palabra y respondió con argumentos bastante bien elaborados durante una hora. A partir de este momento se desplegó una intensa actividad literaria en pro y en contra del libro. Fue defendido y atacado desde muchas disciplinas, e incluso algunos teólogos liberales lo defendieron. Darwin, por supuesto, no estaba en la reunión, ni nunca estaría presente en las discusiones que se llevaron a cabo en las diversas sociedades científicas. Pero él sabía cómo animar a sus amigos para que mantuvieran la controversia viva, y aunque siempre se escabulló de cualquier discusión pública, todas las veces tuvo aliados que tomaron la palabra por él. Huxley se convirtió en el propagandista de Darwin hasta el punto de realizar con frecuencia exposiciones públicas de la teoría. Se le conoce con el sobrenombre de "bulldog de Darwin".

Para abril de 1860 ya Huxley había acuñado el término darwinismo, aunque su significado jamás alcanzó consenso alguno. A mitad del siglo XIX sencillamente cobijaba a todos aquellos que defendían la evolución; pero incluso muchos de los que aceptaron la evolución no lo hicieron con la selección natural. Para el fin de siglo y principios del XX, los darwinistas habían casi desaparecido, y sólo algunos continuaban defendiendo los postulados de Darwin, entre ellos August Weissman (1834-1914) en Alemania. Hoy ser darwinista es básicamente creer que el único mecanismo válido de evolución es la selección natural.

Nuevos proyectos para afianzar la teoría

En 1861 murió Henslow. Darwin volvió sobre el proyecto original de *Selección* y extrajo el capítulo sobre selección artificial, poniéndose a trabajar sobre él (lo publicó en 1868 con el nombre *Variaciones de animales y plantas bajo domesticación*). Ese año abrió un nuevo camino en su exploración de los seres vivos; hasta este momento su aplicación a la Botánica había sido a través de sus lecturas y las discusiones que había tenido con sus amigos botánicos, principalmente Hooker.

En *El origen* había utilizado muchos datos proporcionados por ellos pero él no tenía una experiencia directa en la investigación botánica. En unas vacaciones en la costa de Devon se interesó por las orquídeas, abundantes en esa región, y sus observaciones minuciosas lo llevaron a percatarse de las extraordinarias y bizarras estructuras (entre ellas la forma de los pétalos) que les sirven para atraer insectos y así lograr la polinización. Vislumbró que esto es muy importante para que suceda la fecundación cruzada, porque consideraba que este mecanismo, si podía demostrarse, era una prueba muy fuerte en defensa de la selección natural.

Cuando volvió a Down se puso a trabajar inmediatamente en el asunto, y en menos de un año publicó el libro *Sobre los varios artificios por medio de los cuales las orquídeas británicas y extranjeras son fertilizadas por insectos*. Aquí su propósito era probar que lo hermoso y bizarro en la naturaleza también puede explicarse por la selección natural. El mismo asunto lo mantuvo ocupado desde 1864, cuando comenzó sus investigaciones sobre las adaptaciones de las plantas trepadoras, y a lo largo de los siguientes años trabajó en ellas hasta la publicación de *El poder de movimiento en las plantas*, en 1880.

Durante la segunda mitad de la década del sesenta, se forma definitivamente el grupo de íntimos de Darwin, quienes para 1864 se llamaron entre ellos los miembros del Club X, a la cabeza del cual, como siempre, estaban Huxley y Hooker.

Se denominaron así porque los fundadores iban a ser diez, aunque solamente fueron nueve. Los miembros de este círculo exclusivo eran prestantes naturalistas e intelectuales, cuyos aportes a la ciencia victoriana eran y serían muy importantes, sobre todo los de Huxley y Hooker. Tenían como prioridad contribuir a que la biología alcanzara el estatus de las demás ciencias, y para ello la teoría darwiniana era decididamente pertinente. Una de las tareas que se impusieron fue promover en todos los círculos intelectuales la teoría de la evolución, que ellos creían que proporcionaría la munición para asaltar el establecimiento científico de la época.

Fueron propagandistas, a veces descarados, de Darwin y sus ideas, y enemigos declarados de cualquiera que tuviera visos de antievolucionista. Su primer triunfo fue lograr para Darwin la medalla Copley de la Sociedad Real de Geología, triunfo amargo porque en el discurso del presidente de la Sociedad en la ceremonia de entrega, se enfatiza que otorgarle la medalla es un justo reconocimiento a la labor infatigable de Darwin en todos los campos de las ciencias naturales y en Geología, sin que se citara ni una sola vez *El origen* ni su aporte decisivo a la transmutación de especies. Esto provoca un gran disgusto a los darwinistas, quienes hicieron todo lo posible por cambiar las actas de la reunión para incluir la teoría; fue un intento infructuoso. Pero los antidarwinistas no descansaban, y recibieron ayuda de donde menos la esperaban. El Vaticano entró a la palestra cuando el papa Pío IX promulgó una encíclica en la cual defendía los valores de la Iglesia católica, contra las ideas inglesas de "progreso, liberalismo y civilización moderna". Huxley escribió una "contraencíclica", ya que vio en el edicto papal una refutación contra la evolución y contra los valores de la ciencia inglesa.

Para 1865, Darwin experimentó una de las más prolongadas recaídas de su extraña enfermedad, que duró varios meses. También se sintió afectado por el suicidio de Fitz-Roy, quien se había convertido en un antidarwinista recalcitrante, ya que decía que *El origen de las especies* atacaba el núcleo moral de la sociedad victoriana. Desde su publicación había rechazado todos sus postulados, y en reuniones privadas lamentaba haber sido quien le había dado la oportunidad a Darwin para recolectar datos que luego usó para atacar las creencias de la Iglesia. Muchas han sido las especulaciones acerca del suicidio del capitán Fitz-Roy; sin embargo, ya desde joven, incluso durante el viaje del *Beagle*, presentaba episodios de depresión profunda. También con el tiempo se tornó en un creyente intransigente de la literalidad de la Biblia, por lo cual en muchas ocasiones se enfrentó con varios intelectuales, y no necesariamente evolucionistas. Tal vez la causa que precipitó su decisión fatal fue el no haber sido tenido en cuenta para el cargo de Chief Naval Officer del Departamento de la Marina.

El darwinismo, a la cabeza de las ciencias naturales

Durante 1865 Darwin retomó un problema que lo venía molestando desde el inicio de sus cuadernos de notas: la teoría hereditaria. Logró redactar unas cuarenta páginas acerca de dicha teoría, conocida como pangénesis. Aunque la hipótesis se asocia a Darwin como su proponente, en realidad las nociones que él expresó no fueron más que una revisión de conceptos que eran conocidos y utilizados por sus contemporáneos. En ella se afirma que cada parte del cuerpo de cualquier ser vivo produce una yema que de alguna manera contiene la información esencial para producir ese órgano; luego las yemas, reunidas en los órganos genitales, se combinarán con las demás para formar las células germinativas. Tanto su primo Francis Galton (1822-1911), como Huxley, comprendieron que la teoría no funcionaría porque en la generación siguiente la mezcla de estas yemas tendería a borrar los caracteres particulares surgidos con anterioridad. Por supuesto, sólo sería hasta el redescubrimiento de la teoría de Gregor Mendel (1822-1884) de la herencia, en 1900, cuando se pudo explicar la aparición de la variación a partir de información guardada en el núcleo de cada célula.

Para 1866, los darwinistas parecían haber ganado la partida, ya que para la reunión de la Asociación Británica de ese año, la evolución y la selección natural fueron los temas principales de las presentaciones. Wallace y Huxley fueron presidentes de las secciones de Antropología y Biología, respectivamente, y Hooker fue el principal orador en selección natural y distribución geográfica de plantas. En octubre lo visitó Ernst Haeckel (1834-1919), zoólogo alemán y admirador de Darwin. Fue el principal promotor del darwinismo alemán, aunque no aceptó totalmente la selección natural como mecanismo de evolución. Esta visita y la que realizaría diez años después fueron acontecimientos muy recordados en Down, ya que el profesor alemán era un personaje extraordinario, exaltado y bullicioso, y en su inglés embarullado era poco lo que se le entendía. Sin embargo, aunque Emma "huía" al ver a Haeckel, Darwin se impresionó con él y trató de leer su obra directamente del alemán. Hay que anotar que, fuera de Inglaterra, Alemania fue el país que más rápido aceptó la teoría.

En Inglaterra existía la percepción, sobre todo en las sociedades científicas, de que la teoría darwiniana y sus defensores estaban a la cabeza de la ciencia. Y de cierta manera esto era verdad: Hooker fue el primer darwiniano que llegó a la presidencia de la Asociación Británica, en 1868, y más tarde Huxley ocuparía el mismo cargo. Un acontecimiento importante para el darwinismo, y la biología en general, fue la fundación de la revista *Nature* por los miembros del Club X. Hoy es considerada, junto con *Science*, como la revista científica más importante. En realidad, en sus comienzos fue el medio a través del cual los darwinistas expresaron sus ideas e investigaciones; podría decirse que le dio vida a la selección natural.

Los opositores de la selección natural

En 1867, los opositores de la selección natural parecen recuperar algo de terreno. El duque de Argyll (1823-1900), figura política importante, rechazó la selección natural siguiendo los conceptos de Owen, pero a diferencia de éste, fue amigo personal de Darwin. El duque publicó su texto *Reino de la ley*, donde atacó el mecanismo de la selección natural, afirmando, como Owen, que el progreso en la naturaleza se debe a un plan divino, y que la adaptación darwiniana es sencillamente el diseño dado por Dios a sus criaturas. El libro tuvo cierta aceptación, pero Wallace hizo una crítica devastadora en un artículo. Ese año también *Lord* Kelvin, William Thomson (1824-1907), el gran físico inglés, proclamó que el enfriamiento de la Tierra sucedió en un tiempo relativamente corto, y que los grandes intervalos necesarios para aceptar la geología de Lyell y la evolución de Darwin, no son posibles. En un comienzo postuló 100 millones de años, pero más tarde habría de reducirlo a 20 millones. Esto no fue puramente especulativo, ya que había calculado el tiempo necesario de enfriamiento de un cuerpo formado por fusión, como él creía había sucedido con la Tierra, y comparó temperaturas tomadas en las profundidades de las minas. Éste fue un golpe que Darwin asimiló con dificultad, ya que tenía un gran respeto por *Lord* Kelvin, y dudaba de que sus métodos fueran errados. Sin embargo, decía que el tiempo habría de demostrar alguna falencia en la metodología, porque él seguía convencido de que la Tierra había durado mucho más tiempo formándose. El error de *Lord* Kelvin tuvo su origen en el desconocimiento de la actividad radiactiva, con la cual se calculaba la cifra que hoy es aceptada, que la Tierra se formó hace unos 4.500 millones de años.

Durante 1868, luego de la publicación en enero de *Variaciones sobre animales y plantas bajo domesticación*, Darwin retomó su trabajo de selección sexual, recibiendo, como ya era costumbre, innumerables datos y resultados de experimentos que los criadores le remitían, interesados como siempre en colaborarle. Este año hace uno de sus raros viajes largos a Londres con toda su familia, en particular para estar con Erasmus, donde conoce a St. George Mivart, zoólogo y católico converso, discípulo y amigo de Huxley y Owen, por quienes había abandonado la carrera de abogado para dedicarse a las ciencias naturales. Huxley los presentó e inicialmente Mivart se convirtió a las tesis darwinianas. Colaboró con Darwin, sobre todo debatiendo acerca de las dificultades que encontraba con *El origen*. Fue un asiduo huésped en Down y comenzó a participar del círculo íntimo; sin embargo, pronto cambiaría de bando, deslizando todo rastro de ideas darwinianas de su bagaje intelectual.

¿Por qué este cambio más o menos abrupto? Quizá su experiencia en anatomía comparada lo acercó a las ideas de Darwin sobre adaptación y selección, y es muy probable que le aportara soluciones a problemas en los que aquél se encontraba atascado (por ejemplo, con relación a estructuras anatómicas que pudieran haber tenido un origen común en ancestros compartidos). Lo que los apartó fue la insistencia de Darwin de incluir al hombre dentro de su explicación evolutiva. Mivart no aceptaba que el hombre estuviera sometido a las leyes naturales, y que por ende hubiera evolucionado como los demás animales. En el fondo era un seguidor de las tesis de su maestro Owen, de quien todavía se consideraba discípulo. De este cambio iba a surgir la más poderosa oposición al darwinismo en vida de Darwin. En 1871 Mivart publicó el libro

Sobre el origen de las especies, donde hace una pormenorizada relación de las objeciones a la teoría, a la que tachaba de falsa y peligrosa, principalmente si se aplicaba al hombre, ya que su fundamento materialista y determinista iba en contra de los principios de la religión y la moral. Muchos de los argumentos que hizo explícitos en su trabajo son aún utilizados contra la teoría, y fueron los que impulsaron a Darwin para llevar a cabo la sexta revisión de *El origen*, en la cual intentó cubrir todos los puntos que Mivart había expuesto.

En septiembre de 1867 recibió la visita de su amigo Asa Gray, que vino de Harvard para conocerlo personalmente. Aunque la relación entre ellos era bastante cordial, Gray comprendió que el círculo que rodeaba a su amigo, en particular Huxley, iba más allá de lo que él estaba dispuesto a aceptar. Como muchos otros científicos de su tiempo, aceptó la evolución como teoría, pero encontró enormes dificultades para aceptar la lucha por la existencia y la selección natural, principalmente si se aplicaba a la humanidad. Asa Gray defendía la evolución, aceptando sus implicaciones siempre y cuando el hombre fuera dejado de lado. Asa Gray es considerado un deísta, así denominados los científicos que aceptaban los postulados evolutivos pero como parte del plan creador de Dios. No creían que Dios interviniera directamente sobre los fenómenos naturales, a diferencia de los teístas, que sí lo creían y, por supuesto, no aceptaban la evolución. Aunque Gray siguió siendo un promotor de Darwin en Norteamérica, no aceptó nunca que la selección natural pudiera explicar la evolución humana.

Para finales del año, Darwin tenía casi lista la quinta edición de *El origen*, en la que introdujo algunos conceptos que trataron de ampliar los posibles mecanismos de evolución, en los cuales el ambiente parecería tener un efecto mayor, que hasta entonces él no aceptaba, tal como el concepto lamarckiano del uso y el desuso. Probablemente su trato con Mivart le hizo reconsiderar algunos aspectos de la teoría que lo llevaron a apartarse de sus concepciones originales. Pronto Wallace habría de rechazar este cambio en el pensamiento darwiniano, y no aceptaría nunca que mecanismos distintos a la selección natural pudieran tener alguna incidencia en la transmutación de las especies. Para Wallace, el texto original de la primera edición de *El origen* era el texto fundamental de la teoría y no debía reemplazarse por ninguna de las ediciones posteriores.

La evolución humana, logro que creará nuevos enemigos

Un aspecto que no se puede pasar por alto durante la década de los años sesenta, es la dedicación de Darwin al problema de la evolución del hombre. Podría decirse que 1863 es el año en el que la evolución humana emerge como un problema para discutir en el ámbito de la ciencia. Huxley publicó su libro *El lugar del hombre en la naturaleza*, donde realizó una revisión antropológica, anatómica y evolutiva del hombre. Para ello se valió de los artículos y notas que había usado en su larga y ácida controversia con Owen acerca de la anatomía comparada de los simios y los humanos. Owen afirmaba que las diferencias eran muy notables, lo que impedía que se pudieran considerar parte del mismo grupo de animales. Huxley, por el contrario, afirmaba que las diferencias eran sólo de grado, es decir, que no había nada esencialmente distinto entre unos y otros. En este debate, que se prolongó dos años, la estructura anatómica del hipocampo (situada en la profundidad del cerebro, interviene en los procesos de la memoria), se convirtió en el caballito de batalla de estos dos grandes anatomistas. Para Owen, esta estructura no existía en los simios, lo cual en definitiva le fue imposible probar; es posible que su insistencia en la ausencia de éste en los monos se debiera a la continua y despiadada agresividad de Huxley en el debate. Por el contrario, Huxley, a quien le encantaban las polémicas, y cuanto más acerbas mejor, probó con todo detalle que el hipocampo sí existía en los simios. Aparte de esto, el libro no llenó las expectativas acerca de la evolución humana, entre otras cosas porque aportaba pocas pruebas de ello. Darwin lo leyó con detenimiento, encontrando numerosos vacíos, lo que le animó a explicar la evolución humana como parte del sistema que él mismo había propuesto en *El origen*.

Poco después apareció el libro de Lyell, *La antigüedad del hombre*. Lyell hizo un recuento de la antigüedad de la aparición del hombre, aportando pruebas de esto (herramientas antiguas, entre otras), pero no hizo ninguna alusión a su evolución. Por supuesto, ello contribuyó a refutar en parte la literalidad de la Biblia, pero no aportó nada en cuanto a la evolución misma de la vida humana. Tanto molestó esto a Darwin, que decidió tomar el reto de hacerlo él mismo. Lyell lo defraudó porque consideraba que el conocimiento de su mentor era más que suficiente para aportar evidencias y explicaciones y, sin embargo, a lo largo de todo el texto jamás hizo ni siquiera una referencia a ella.

Darwin tomó un derrotero distinto y revolucionario. Quiso probar que el hombre estaba sometido a las mismas condiciones biológicas que los demás seres vivos, y que su evolución estaba determinada por los mismos mecanismos. Ya en *El origen* había escrito una frase que más o menos prometía el tratamiento de esto: "Se proyectará mucha luz sobre el origen del hombre y sobre su historia". Ahora estaba preparado para tomar el toro por las astas. A las reflexiones sobre el hombre y su evolución dedicará su atención hasta cuando publique su segunda obra en importancia, *El origen del hombre*. La correspondencia con Wallace hizo evidente este interés, ya que en sus cartas hay una continua confrontación entre las dos visiones de los codescubridores de la selección natural. A partir de ese momento, el esfuerzo de Darwin se orientó a preparar su trabajo sobre el hombre y su lugar dentro del sistema propuesto en *El origen*.

Durante 1867 intensificó sus investigaciones sobre la selección sexual, mecanismo que describiría con detalle en su libro *El origen del hombre*, y que buscaba explicar cómo se producía la variedad y la escogencia de pareja en animales como aves e insectos, y en los humanos. Uno de los problemas que la selección natural no explicaba adecuadamente, al menos así lo creía él, era el de los colores vistosos de las aves e insectos, o el de las estructuras que aparentemente son un peligro (estorbo) para quienes las poseen, como son las colas de los pavos reales o los cuernos de algunos herbívoros. Estas características parecerían no poseer una función adaptativa, y en la lucha por la existencia, serían más un obstáculo que una ayuda. Darwin creía que muchas de esas características eran estructuras que los animales poseían para atraer a la pareja; así, los colores vistosos evidenciarían que el poseedor de ellos era saludable y podía exponerse a los predadores y aun así ser escogido como pareja; lo mismo ocurriría con los cuernos extravagantes. Este punto sería tema de amplia controversia entre Wallace y Darwin, ya que para el primero, todo ello podía y debía explicarse únicamente por selección natural. Es interesante anotar que Darwin propuso un plan de trabajo experimental para tratar de probar sus ideas, aconsejando a los criadores de animales que quisieran ayudarlo, a modificar el aspecto de las plumas, alas, colores, etc., y compararan los resultados de estas modificaciones en cuanto a la escogencia de pareja.

Durante los dos años siguientes, su principal tarea fue la escritura sobre la evolución humana y la selección sexual, que terminó a principios de 1871. En marzo de ese año, publicó *El origen del hombre*, con 450 páginas; se vendieron 4.500 copias. Fue la obra más importante después de *El origen de las especies*; en ella reflexionó sobre cómo el hombre, con sus potencialidades mentales, la moral y la religión, es también un producto de la evolución y de la selección natural. Debido a que el darwinismo estaba alcanzando su más alto punto de gloria, no desató las polémicas que se esperaban.

Darwin dejó en claro que el hombre no puede estudiarse de manera diferente a los demás seres vivos, y afirmó que la selección natural y la selección sexual son los mecanismos que determinan su evolución, a partir de ancestros que comparte con los simios africanos. Esto no fue compartido por Wallace, quien no aceptaba que la evolución humana estuviera sometida a la selección natural; creía que el espíritu (se había vuelto hacia las teorías espiritistas por aquella época) era el causante de la aparición de la capacidad mental y la moral humanas. Esta apreciación de Wallace hizo que los dos se comenzaran a alejar en referencia a los postulados evolutivos. Aun así, en la década de los noventa Wallace publicó *Darwinismo*, donde se reafirmó en los postulados básicos de la teoría.

Más trabajo en búsqueda de pruebas

La inquietud intelectual de Darwin no daba tregua a los sesenta y dos años, aunque estuviera bastante incapacitado por sus achaques de salud. Comenzó nuevos proyectos: por un lado, retomó un problema que lo había seducido desde muy temprano, el de los efectos que los animales (en especial los invertebrados, como las lombrices) producen sobre la tierra con sus actividades orgánicas, y cómo la corteza terrestre puede modificarse debido a ello. Por otro lado, decidió continuar con la redacción del libro *La expresión de las emociones en el hombre y los animales*, comenzado poco antes, el cual originalmente era un capítulo de *El origen del hombre*. Allí postuló que los gestos, las expresiones, los adornos, son producto de la selección natural, y éstos pueden trazarse hacia los ancestros en los simios y animales cercanos al hombre. Este libro tiene un comienzo anecdótico que se debe relatar. Desde el nacimiento de su primer hijo, Darwin comenzó a registrar los cambios que observaba a medida que iba creciendo, principalmente lo que tenía que ver con gestos, emociones, actitudes y cambios de comportamiento. Además, durante su estancia en Londres visitó frecuentemente el zoológico, donde tenían confinada a un orangután hembra. Quería comparar los movimientos faciales, las actitudes y las emociones que él consideraba muy parecidos entre los humanos y los monos. Veinte años antes ya existía la inquietud sobre cómo era posible dar una explicación acerca de un posible ancestro común entre simios y humanos; con la paciencia que lo caracterizó, lentamente formuló su apreciación del ser humano, y dio empuje a una investigación que hoy es una de las más enriquecedoras para conocer el comportamiento humano. El libro fue publicado en 1872, con siete placas de heliotipo (fotografías de la época), constituyéndose en uno de los primeros libros impresos que incluían fotografías, y del cual se vendieron 5 mil copias. Inmediatamente retomó el trabajo botánico, volviendo sobre las *Plantas insectívoras*, que terminó en 1875.

Durante 1873, y a pesar de una recaída por sus trastornos de salud, decidió hacer una nueva edición de *El origen del hombre*, e inicialmente pidió a Wallace que lo ayudara con ella. Sin embargo, Emma, al saberlo, y no se conoce muy bien por qué, solicitó el trabajo para su hijo George, y así Darwin perdió la posibilidad de ayudar a su amigo, que estaba en dificultades económicas. En 1874 decidió no seguir escribiendo sobre evolución. Aunque había iniciado la revisión de la segunda edición de *El origen del hombre*, se hastió del trabajo y se lo dejó a su hijo George, quien la terminó. De ahí en adelante se dedicó a finalizar los proyectos comenzados, como el de las plantas trepadoras y las lombrices. El libro sobre lombrices, *Formación de masa vegetal a través de la acción de las lombrices*, fue publicado en 1881, cerrando el ciclo de sus escritos.

Durante julio de 1874 comenzó la amistad con el último de sus grandes discípulos: George Romanes (1848-1894), amigo de su hijo Francis, quien lo presentó a su padre. Romanes era un experto en invertebrados marinos, quien, entusiasmado por Darwin, se dedicó a estudiar la evolución de la mente, tanto en los animales como en el hombre. Publicó varios libros sobre el tema y en uno de ellos insertó un capítulo con un texto de Darwin: *Instintos*. Al final de su corta vida se aproximó al espiritismo y a Wallace, pero debido al rechazo de éste sobre la evolución de las facultades mentales por selección natural, se hicieron enemigos. En noviembre se publicó la nueva edición de *El origen del hombre*. En febrero de 1875 murió Lyell, lo cual causó gran pena a Darwin, pero aun así, debido a su alejamiento de su mentor y amigo como consecuencia de la falta de aceptación de la evolución, no quiso ser uno de los que llevaron el ataúd durante el entierro. Lyell fue sepultado en la abadía de Westminster, cerca de la tumba de Newton, y la ceremonia fue organizada por Hooker. La posición ambigua de Lyell respecto a la evolución hace un tanto difícil precisar exactamente su influencia sobre Darwin. Es evidente que proporcionó a la teoría de la selección natural el marco temporal y espacial que Darwin necesitaba, y el gradualismo y los cambios lentos le deben a Lyell uno de los pilares sobre los cuales se construyó la teoría darwiniana; sin embargo, el no aceptar todas las consecuencias derivadas de la evolución, y su apego a las tradiciones de la Teología natural, principalmente respecto al hombre, lo alejaron del campo darwinista.

Los *últimos años*

El 28 de mayo de 1876 comenzó la escritura de la hoy conocida *Autobiografía*, cuyo propósito era relatar el desarrollo de sus ideas, su pérdida de fe en el cristianismo, y cómo trató de conciliar las creencias de su familia, especialmente las de Emma, con su progresivo alejamiento de ellas. No fue escrito para ser publicado, sólo quería que sus herederos tuvieran un relato de primera mano acerca de su desarrollo intelectual. Sin embargo, editado y publicado por su hijo, ha sido una guía para los historiadores y biógrafos que buscan entender las aparentes ambigüedades que tuvo con la publicación de sus ideas y sus verdaderas creencias religiosas. Terminó la redacción el 3 de agosto, pero en mayo de 1881 intercaló cinco nuevos párrafos donde apuntó los últimos textos que publicó. Nunca la revisó.

Este año comenzó la revisión de notas y datos sobre polinización y fertilización cruzada que había comenzado diez naturales, al menos hasta finales de siglo. Posteriormente los antidarwinistas de todo tipo, y aquí se incluyen los neolamarckistas y los ortogenistas, utilizaron los argumentos de Mivart para atacar los fundamentos de la selección natural, ataque que sólo fue repelido unos cuarenta años después. Pero no todos los darwinistas defendieron la teoría de la selección natural. Huxley, el más atrevido de los aliados de Darwin, no se convenció nunca de que la selección natural fuera el mecanismo esencial del cambio evolutivo. Es más, en una conferencia dada en el Instituto Real, titulada "La mayoría de edad del *Origen de las especies*", no se refirió en absoluto a la selección natural. Para Darwin era claro que excepto Hooker y Wallace, y quizás algunos otros, nadie parecía tomar en serio su mecanismo. Esto lo decepcionó, ya que él mismo consideraba que su mayor logro en las ciencias naturales había sido descubrir y haber descrito el proceso mediante el cual los cambios evolutivos suceden en el tiempo.

Aunque se cree que los síntomas de su enfermedad disminuyeron en las postrimerías de su vida, el deterioro de su salud se hizo bastante evidente para sus familiares y amigos, presentando alteraciones en su estado general, fatiga y problemas cardíacos, que fueron agravándose en el transcurso de los dos últimos años. Sin embargo, durante 1880 su actividad no decayó. Terminó su manuscrito sobre plantas trepadoras, *El poder de movimiento en las plantas*, con 600 páginas y 196 grabados en madera. Comenzó su trabajo final sobre las lombrices y cómo su actividad altera la estructura del suelo. Pero también sus inquietudes iban más allá del terreno científico.

años antes. El resultado de ello fue la publicación en 1877 de *Los efectos de la fertilización cruzada y la autofertilización en el reino vegetal*, un tema que lo apasionó, ya que consideraba que la fertilización entre parientes, como él y Emma, traía como consecuencia debilidad y defectos de la prole. En noviembre de 1877, la Universidad de Cambridge le otorgó el doctorado honoris causa en Leyes. Asistió con toda su familia a la muy concurrida ceremonia, durante la cual se presentaron enfrentamientos entre los defensores de la evolución y los antidarwinistas. Esta fue la última oportunidad en la que fue visto en público. A dicho encuentro acudieron numerosos dignatarios de la universidad y personalidades, incluidos sus amigos.

En 1879, el autor alemán Ernest Krause le pidió un boceto biográfico para prologar la edición inglesa de una biografía que había escrito sobre su abuelo Erasmus. Darwin lo llevó a cabo y a su vez comenzó un ensayo biográfico sobre su abuelo y las ideas evolutivas que propuso; empeño del cual no quedó satisfecho. El prólogo al trabajo del alemán le sirvió a Samuel Butler para denigrar a Darwin, afirmando que éste se había robado las ideas de su abuelo, y que por tanto la teoría era simplemente un plagio descarado.

En 1880, Owen, Mivart y Butler constituyeron la más poderosa alianza contra Darwin mientras éste vivió. El vocero del grupo fue Mivart, quien con su libro, *Sobre el origen de las especies,* se convirtió en el más prestante científico detractor de la evolución. Sin embargo, los darwinistas y el mismo Darwin lograron mantener la supremacía en las ciencias

Luis Enrique Caro Henao

Por esta época se preocupó de la situación económica de Wallace, a quien sus actividades en el partido socialista inglés y su asociación con grupos espiritistas y con astrólogos lo habían apartado de los círculos intelectuales prominentes de su tiempo, habiendo sido rechazado para ocupar algunos puestos en museos y sociedades científicas. Darwin consideraba que Wallace, como codescubridor de la selección natural, merecía una pensión del Imperio Británico que le ayudara a mantener con decoro a su familia. Inicialmente encontró una cerrada oposición, pero la publicación del libro de Wallace *La vida en Islas*, que fue aclamada por la crítica y estaba dedicada a Hooker, hizo que convenciera poco a poco a los miembros del Club x para dirigir la petición al gobierno del primer ministro Gladstone. Por medio de Huxley y Lubbock, se hizo un acercamiento con el presidente de la Sociedad Real, W. Spottiswoode, quien llevó la petición a la casa del primer ministro. Había doce firmas de respetados científicos, todos ellos darwinianos. Gladstone aceptó la petición y se le asignó una pensión de la Lista Civil de 200 libras por año.

Para la Pascua de 1881, Darwin tenía listo el manuscrito sobre las lombrices, llamado *Formación de masa vegetal a través de la acción de las lombrices*. Pero su deterioro y la pérdida de fuerzas le impidieron revisar el texto final, el cual quedó en manos de su hijo Francis. El libro se publicó en octubre. Él comenzó a presentar dolores torácicos, diagnosticados como angina, que se hicieron más frecuentes a medida que pasaba el tiempo.

La abadía de Westminster: Darwin descansa junto a Newton

El 26 de agosto sufrió un choque emocional que contribuyó a deteriorar más su salud: su querido hermano Erasmus murió. En una carta a Hooker, dice esto de su hermano mayor: "La muerte de Erasmus es una pérdida muy grande para nosotros, porque tenía una disposición afectuosa inmensa. A mí me pareció siempre el hombre más amable y de mente más clara que haya conocido. Londres habrá de parecerme un sitio extraño sin su presencia". Comenzó a preocuparse por su propia muerte y decidió dejar todos sus asuntos arreglados. Rehizo su testamento dejando su fortuna, bastante importante, a Emma y a sus hijos; para cada hija dejó 34 mil libras esterlinas; para cada hijo, 53 mil; mil a Hooker y a Huxley, y algunas pensiones para sus sirvientes más queridos. Estando en Londres, en diciembre, al parecer sufrió un ataque cardíaco que lo postró en cama. En absoluto reposo recibió la visita de sus amigos más íntimos, que le rindieron un último homenaje.

De vuelta en casa a principios de 1882, intentó comenzar un nuevo estudio acerca del efecto de algunos químicos sobre las plantas, pero sus fuerzas lo abandonaron. Según el relato de su hijo Francis, su vida se volvió rutinaria, con períodos de completa inactividad que lo deprimían gravemente. Darwin confesaba que el no poder dedicarse a su trabajo le hacía la vida imposible. Su único consuelo eran las continuas atenciones de Emma y de sus hijos, pero aun éstas no fueron suficientes para animarlo. En febrero y marzo intentó volver a sus paseos en el "Camino de arena", pero el 7 de marzo sufrió otro episodio relatado como un "ataque" y tuvo que volver a la cama. En abril, los episodios de angina se hicieron constantes, y luego de varios episodios de dolor agudo y probablemente varios infartos cardíacos, murió en brazos de Emma el miércoles 19 de abril de 1882, hacia las cuatro de la tarde, a los setenta y tres años de edad.

Aunque el deseo de su familia era que fuera enterrado en Down, su vecino Lubbock y sus amigos del Club X consiguieron que fuera enterrado con todos los honores en la abadía de Westminster, al lado de la tumba de Lyell y de Newton, único honor otorgado por el Imperio a su más importante científico del siglo XIX. Entre los que cargaron el ataúd estaban Lubbock, Huxley, James Russell Lowell (ministro estadounidense), Hooker, Wallace, el duque de Argyll, el duque de Devonshire, el canónigo Farrar, Spottiswoode (como presidente de la Sociedad Real) y el Earl de Derby. Solamente dos de sus hijos, George y William, estuvieron presentes. Emma y los demás miembros de la familia se quedaron en Down.

El legado de Charles Robert Darwin

Una biografía de Darwin resulta un tanto insípida si en ella queremos encontrar sucesos extraordinarios y descubrimientos sorpresivos. Su vida fue la de un trabajador infatigable, sometido a una rutina que para la mayoría de nosotros resultaría insoportable. Centró todas sus energías en la realización de una obra que explicara la formación y evolución de los seres vivos, incluido el hombre. La paciencia y minuciosidad de su labor, enfrentada a los continuos trastornos de su frágil salud, nos deben asombrar en el sentido de que reflejan un propósito intransigente para dar coherencia a un sistema racional que da razón del mundo y su historia natural.

El impacto de sus ideas fue paradójico. La exposición minuciosa de las pruebas a favor de la evolución, y la explicación de que ésta es un proceso natural de divergencia de especies, fue aceptada en poco tiempo y casi unánimemente, incluso por quienes habrían de convertirse en sus más encarnizados opositores. No obstante, el mecanismo por medio del cual se producen los cambios, la selección natural, basado en la lucha por la existencia entre individuos de una especie y entre especies, no fue comprendido y generó toda clase de polémicas, que aún hoy subsisten. Su rechazo al argumento del diseño divino escinde el estudio científico de las ciencias naturales de cualquier propósito moral. Su teoría propone sencillamente que en la lucha por la existencia habrá ganadores que serán capaces de reproducirse, y perdedores que acabarán extinguiéndose, y ello será resultado de fuerzas naturales que funcionan aleatoriamente. Para Darwin, en últimas, no hay "progreso" en el sentido de que el único propósito inscrito en la naturaleza es la adaptación al medio ambiente. Esto significaba que biológicamente no hay organismos mejores o peores (superiores o inferiores), sino bien o mal adaptados.

Se dice que el texto fundador de la teoría sintética de la evolución fue *Evolución: La síntesis moderna*, escrito por el biólogo y zoólogo Julian Sorel Huxley (1887-1975), nieto de Thomas y hermano del novelista Aldous. Pero en realidad fueron muchos los que contribuyeron a la síntesis. En genética de poblaciones, R. A. Fisher, J. B. Shaldane y Sewall Wright fueron los que establecieron las bases matemáticas de la distribución de mutaciones en grandes poblaciones. Los biólogos Ernst Mayr y Julian Huxley se interesaron más por la observación de poblaciones en su medio y se acercaron a los postulados de los anteriores. Theodosius Dobzhansky fue quien acercó los dos campos en sus escritos teóricos y George Gaylord Simpson aplicó el nuevo modelo darwniano a la paleontología, que hasta ese momento estaba regida por principios lamarckianos.

Para finales del siglo XIX y principios del XX la teoría darwiniana fue dejada de lado por otras teorías que surgieron como contrapartida a la selección natural. El historiador Bowler denomina este período como el del eclipse del darwinismo. En vida de Darwin, sus discípulos y seguidores trataron de hacer que la teoría darwiniana fuera entendida por la mayor cantidad de personas, y para ello tuvieron cuidado para no volverse rígidos en cuanto a las explicaciones y en el tratamiento de los problemas que les eran propuestos. Pero a la muerte de Darwin, los seleccionistas puros, aquellos que como Weissman sólo aceptaban el mecanismo de selección, se tornaron bastante intransigentes, lo cual llevó a sus antagonistas a proponer otras explicaciones, que eran aceptadas con mayor facilidad. La causa principal de esto fue que la teoría dejaba de explicar muchas cosas, pero sobre todo el problema de la herencia.

Solamente ya bien entrado el siglo XX, cuando los descubrimientos en el campo de la genética (teoría de la herencia de Mendel), la teoría genética de poblaciones, la paleontología, etc., se incorporaron a la teoría original de Darwin, fue aceptado su mecanismo de la selección natural.

> Según Ernst Mayr, la teoría de la evolución postulada por Charles Darwin cambió definitivamente la concepción tradicional en ciencias naturales.

Durante las décadas de 1930 y 1940, la fusión de la teoría darwiniana con la genética estableció la predominancia de la selección natural como el paradigma de la ciencia biológica. Esta amalgama se denominó *teoría sintética de la evolución*, en la que el mecanismo por el cual se producen la variación y los cambios evolutivos se explican a través de las mutaciones y la distribución de genes en una población. Hoy su teoría, sometida aún a numerosas críticas y revisiones, es aceptada como marco de referencia por la mayoría de los biólogos.

Para concluir, podemos decir que Charles Darwin fue un innovador radical en ciencias naturales, y según Ernst Mayr postuló cinco teorías distintas en sus escritos, las cuales se pueden resumir así:

1) *El mundo cambia constantemente y los organismos se transforman en el tiempo.* No fue el primero ni el único en

hacerlo, pero sus abundantes ejemplos que soportan el hecho evolutivo, ampliamente expuesto en todas sus obras hizo que la idea de la evolución fuera aceptada por los naturalistas e intelectuales de su tiempo, incluso por muchos de los que negaron su mecanismo de la selección natural. 2) *Comunidad de descendencia*: la vida es una sola y todas las especies descienden de ancestros que comparten con otros grupos. 3) *Multiplicación y diversificación de especies*: a partir de ancestros comunes, las especies se van multiplicando (de una sola especie se originan dos o más), cambiando en el tiempo unas con respecto a las otras. 4) *Gradualismo*: los cambios son lentos y graduales, sin saltos. 5) *Selección natural*: los individuos de una población poseen caracteres ligeramente distintos entre sí, y aquellos que tengan una leve ventaja, de cualquier tipo, para sobrevivir y reproducirse, es decir, para estar adaptados, transmitirán sus caracteres a las generaciones siguientes, y con el tiempo pueden llegar a transformarse en nuevas especies.

Estas teorías rechazaron los siguientes postulados respecto a las ciencias naturales:

1) El mundo desde su creación no ha cambiado fundamentalmente. 2) El mundo fue diseñado: las adaptaciones se explican porque existe un dios que las ha diseñado en su totalidad para adaptarse a su ambiente particular. 3) El hombre posee una posición única en el universo; es decir, es completamente distinto de los demás seres vivos y no está sometido a las leyes naturales. 4) Esencialismo: los organismos están definidos por las esencias, las cuales forman los tipos (especies) que son

inmutables y eternas. 5) Los métodos de las ciencias fisicoquímicas son los únicos aplicables para conocer el mundo. 6) Teleología: la vida posee un fin o meta que está inscrito en su estructura.

Como todos los hombres que influyeron de manera decisiva en el pensamiento humano, Darwin no escapa de la controversia. En algunos círculos darwinianos es considerado el más grande científico de todos los tiempos, y quien realizó la revolución científica y cultural más importante en Occidente, con repercusiones socioculturales que aún se hacen sentir. En el otro extremo están los que lo tachan de haber liderado el movimiento ateo y materialista que subvirtió los valores morales de la sociedad occidental (los creacionistas contemporáneos, por ejemplo). Por supuesto, también están los atemperados, aquellos que reconocen la importancia de su aporte en el campo de las ciencias naturales y la influencia que tuvo en los cambios intelectuales de finales del siglo XIX, cuyo influjo sociocultural es evidente.

Es innegable que su larga labor en la propuesta evolutiva cimentó la biología como ciencia, y ha sido fuente, desde la publicación de *El origen*, de la mayor parte de la investigación que se ha llevado a cabo en ella. No es posible negar que a lo largo de la historia las ideas darwinianas han sido sometidas a todo tipo de escrutinio, por pensadores de muy diversas tradiciones, y tampoco se puede desechar que ha sido negada la validez del mecanismo propuesto de la selección natural, así la idea de la evolución sea hoy aceptada por la sociedad en general. Su pensamiento, forjado en lo que hoy se conoce históricamente como la era victoriana, puede decirse que se adelantó a su tiempo, tanto así, que la interpretación radical de su teoría no llegó a plasmarse sino sesenta años después de su muerte.

Bibliografía

Bowler, Peter J., *Evolution. The History of an Idea* (edición revisada de la original 1983), University of California Press, Berkeley, 1989.

———, *Charles Darwin, The Man and His Influence*, Cambridge University Press, Cambridge, 1990.

———, *The Eclipse of Darwinism*, The Johns Hopkins University Press, Baltimore, 1983.

Cronin, Helena, *La hormiga y el pavo real* (edición inglesa, 1991), Editorial Norma, Santafé de Bogotá, 1995.

Caro, Luis E., *La continuidad de la vida*, TEA Fundación Auxológica, Universidad Nacional de Colombia, Santafé de Bogotá, 1995.

Darwin, Francis (editor), *The Life and Letters of Charles Darwin - Including An Autobiographical Chapter*, D. Appleton and Company, New York, 1905.

Darwin, Charles, *Journal of Researches into the Natural History and Geology of the Countries Visited During the Voyage Round the World of H.M.S. Beagle*, London, John Murray, 1913.

———, *El origen de las especies* (edición original 1859), Editorial Planeta-Agostini, Barcelona, 1992.

———, *El origen del hombre* (edición original 1871), Panamericana Editorial, Santafé de Bogotá, 1994.

——, *Recuerdos del desarrollo de mis ideas y carácter. Autobiografía*, El Laberinto 2, Ediciones de Nuevo Arte Thor, Barcelona, 1983.

Desmond, Adrian y James Moore, *Darwin: The Life of a Tormented Evolutionist*, W.W. Norton & Company, New York, 1991.

Drouin, Jean-Marc, "De Linneo a Darwin: los viajeros naturalistas", en Michel Serres, *Historia de las ciencias*, Ediciones Cátedra, Madrid, 1989.

Malthus, Robert, *Primer ensayo sobre la población* (edición original 1798), Ediciones Altaya, Madrid, 1993.

Mayr, Ernst, *One Long Argument. Charles Darwin and the Genesis of Modern Evolutionary Thought*, Harvard University Press, Cambridge, Mass., 1991.

——, *The Growth of Biological Thought*, The Belknap Press of Harvard University Press, Cambridge, Mass., 1982.

Milner, Richard, *Diccionario de la evolución*, Biblograf, Barcelona, 1995.

Moorehead, Alan, *Darwin and the Beagle*, Penguin Books, New York, 1982.

Ruse, Michael, *Tomándose a Darwin en serio*, Salvat Editores, Barcelona, 1987.

Sumario

9
Introducción

13
Europa e Inglaterra a fines del siglo XVIII
y principios del XIX

17
Charles Darwin:
una vida dedicada a las ciencias naturales

35
Londres:
cómo se gesta una revolución (1837-1842)

51
El Camino de arena:
en busca de los orígenes (1842-1859)

75
Los avatares de una
revolución incipiente (1859-1882)

103
El legado de Charles Robert Darwin

109
Bibliografía

Este libro se terminó de imprimir en el mes de octubre
del año 2004 en los talleres bogotanos
de Panamericana Formas e Impresos S.A.
En su composición se utilizaron tipos
Sabon, Bodoni Poster y Akzidens Grotesk
de la casa Adobe.